自豪地声称它们工作的首要重心就是最大化满足客户的需求，但实际上我们却很少看到企业在回答如何将市场潜力变现这一问题上表现出同样的决心和专注。如果有机会，客户会很乐意为能够满足他们的需求和愿望的解决方案——他们所寻求的“目的”付费，而不是为实现这些目的的手段付费。毕竟，他们购买产品和服务的真正原因，在于他们认为通过购买某项产品或服务能够使得自己的需求获得有效的满足。然而，不可否认的是，轻视、惰性、害怕改变和安于现状等心态普遍存在于企业之中，也因此意味着今天大多数企业的“创新产品 / 服务以满足客户需求”的承诺只停留在口头上，可以这么说，它们实现营收所主要依靠的依然是直接售卖工厂提供的批量产品。事实上，根据我们的经验，企业通常很少关注让客户为什么样的产品 / 服务付费的问题（盈利模式导向），而是往往专注于次要的、更偏战术性的问题，即客户应该为产品 / 服务支付多少费用（价格问题）。这些做法似乎正在被当今市场普遍采用并成为一成不变的游戏潜规则。

撰写本书的初衷是：我们对当前市场上普遍存在的这一现象感到失望，在指出不满的同时亦希望提供更有价值的讨论焦点。在我们看来，市场竞争的游戏规则远非一成不变，也更不应该被视为理所当然。随着现代数字技术为产品和服务对客户产生的实际影响提供了更精准的洞察，客户有能力就产品与服务的性能获得有力保障，或是在权利受到侵害时进行反向问责，市场竞争的游戏规则也变得越来越正确。商界领袖和政策制定者应结合这些趋势制定商业蓝图，在数字技术的发展应用成为客户管理威胁之前，利用它开发和部署合理的盈利模式。

同时，我们还了解到诸如我们的学生和从事管理的同事、朋友等群体对深入了解其他创收模式的动力和区别表现出了浓厚的兴趣，所以我们撰写了本书。我们发现，许多行业最近发生的根本性和颠覆性变化根植于一种有意识的、由技术推动的盈利模式——“价值交付”模式的转变。因此，读者们的兴趣有时源于这样一种认知，即新技术可以帮助企业在市场上“撼动局面”，而在另一些时候，则源于一个灵活大胆的新竞争者所带来的迫在眉睫的颠覆威胁。

作为学者，在尝试回应这些期望时，我们的第一直觉是向文献寻求指导。但在本书的撰写过程中，我们有幸成功地对一系列已经出现并经受市场验证的商业模式进行了总结，识别诸如“订阅模式”（会员经济）和“协作模式”（共享经济）这样个别的商业模式，而不只是形成一个解释为什么存在这些模式的概括性理论。更重要的是，我们通过本书来通盘考虑如何将这些模式作为一个整体，以及对企业在什么情况下适宜进行哪些模式的部署展开论述并提供指引。

在许多方面，“价值交付”等同于商业的未来。我们认为，问责制正迅速成为市场建立竞争优势的关键因素。这种变化正在我们所能设想到的任何行业中发生，尽管速度和程度各不相同。因此，虽然我们所讨论的这些盈利模式存在于不同的场景之中，但它们本身的指代性各有侧重。例如，虽然“订阅模式”目前正当盛时，但在本书的观点看来，它只是迈向其他更强调以客户为中心的盈利模式的垫脚石，不代表赛场的终点。这类观点同样适用于“协作消费模式”。基于此，本书尝试通过对一系列盈利模式及其演变进行结构化的梳理与论述，指引企业如何站在更宏观的竞争视角下进行商业定位并确定后续发展方向。因为大部分企业对商业变革虽充满着信心，但这些企业却又并不完全确定下一步该怎么做。

我们在本书中所呈现的理念既包含了我们共同认可的观点，也受到我们个人背景和所经历的学术训练的影响。由于我们非常关心管理类决策的施行，这本书明确地将企业类组织列为理想的阅读对象：我们希望企业的领导者们可以通过阅读本书了解到市场竞争格局的变化以及由此带来的威胁与挑战，从而为发挥自己的领导作用做好准备。与此同时，多年的市场营销经验与理论原则亦让我们深刻体会到，所有市场增长、紊乱、下跌的根本原因都是客户。因此，我们将主要从客户的角度来构建本书的理论，从而阐明：如果客户在某一盈利模式下过度“受苦”，那么企业也会遭受“反噬”。企业不应该对此无动于衷；企业必须警惕的是，随着市场应用技术的发展，秉持传统的“我想要减少风险”的立场实际上才是有风险的。

由于马科接受的是行为经济学的系统性学术培训，因此他主要依靠实验法来洞察管理者们如何定价，或者反过来，客户如何对他们所接触到的价格做出反应。奥德接受的学术培训则是在企业运营方面，他将开发相应的数学模型来理解和解释企业的行为和激励措施。这种由不同领域专家所形成的合作关系在本书的形成过程中激发了学术上的有益碰撞，有时我们之间的争论比其他同僚间的争论可能更加激烈，特别是因为我们聚焦于了解商业未来的发展方向，以及对为什么会这样的一系列疑问的追根究底。事后看来，从我们因这些课题所开启的学习之旅中所获得的个人成长可能是我们写下及深情回顾这些文章的充分理由。

目录

第三部分　行　动

引言：从承诺到证明

您更愿意为以下两者中的哪一个付费？是为了买药还是为了让身体更健康？是为了上学还是为了受教育？是为了买食物还是为了获取营养物质？是为了坐汽车还是为了到达目的地？是为了看戏剧表演还是为了获得娱乐满足？

按药物、学期、食物、车程、演出等方式付费，并不能很好地反映个人和企业客户从他们的购买中实际获得的价值。然而，企业根据其交付成果的质量，而不是其推向市场的产品和服务而获得报酬的想法，直到最近才被视为一种乌托邦式的学术理论而被摒除。实际上，企业需要妥协于现实，所以大多数企业几十年来一直贯彻一种实用主义：通过向客户销售“手段”来谋生，并承诺他们想要的“结果”会随之而来。

最近的技术进步通过质疑这种妥协，改写了商业规则。移动通信、云计算、物联网（IoT）、进阶分析和微交易正在使企业和客户之间的交易变得更加透明。到目前为止，大多数企业都有记录消费事件的能力。在某些情况下，企业还可以观察客户从他们的购买中获得的价值，而不是在某种整体水平上对客户所获价值进行推论。这些发展使那些努力想要了解他们的钱能买到什么的客户有权进行反向问责，要求企业承担责任，而不仅仅是单向接受企业简单的承诺。因此，客户不再像过去那样是被动的价格接受者。问责制定义了两种企业并扩大了两者之间的差距：一种企业有能力并且希望在对客户来说很重要的交付成果上进行竞争，而另一种企业则满足于维持现状。

一些通过销售“手段”获得收入的企业无视这种问责制带来的挑战，对此睁一只眼闭一只眼，同时希望这只是又一个转瞬即逝的趋势。而另一些企业则计划使客户的生活更加复杂，使它们的产品价格、种类和其他商业决策更加模糊，从而降低与竞争对手之间的可比性。然而，从长远来看，很难证明这些方法是制胜的法宝。当然，另一种选择是，接受变化并着手相关工作。

在本书的观点看来，问责制不再是一句时髦的营销口号，而是一项战略要务。先进型企业正在收集和利用我们所称的“影响数据”（impact data），以便更好地了解客户何时及如何使用它们所提供的解决方案，以及这些解决方案的实际表现如何。在许多领域中，现在都有了可以将产品转化为无缝服务的技术，以记录使用场合，而且重要的是，这种技术可以对解决方案的表现进行大规模且精确的量化。这些先进型企业正在不断发展，以促使商业比以往任何时候都更加高效，从而释放市场潜力并确定好自身的市场定位，以获取可实现的有形价值的最大份额。

可以这么说，本书为企业在当今日益透明的市场中取胜提供了适宜的理论指导。通过对医疗保健、教育、媒体、汽车、航空和矿业等多种且重要的领域进行深入的案例研究，我们绘制出了这些领域无情的嬗变，指出客户的资金最终流向企业给出的证明，而不是承诺。我们在本书中描述的创新盈利模式并不是处在经济边缘的现象。相反，这些模式正在重新定义整个市场，改变公共话语体系。本书帮助企业理解这些变化如何影响它们的未来，以及如何最大限度地利用由此产生的机会。这是一本关于阐明商业本质和市场颠覆的书。

暴露低效

商业始于客户寻找能够满足其需求和希望的企业。人们可能总是在追求一种特殊的感觉，一种有形的收益，或两者的某种结合。这同样适用于企业客户，他们通常希望提高自己的财务绩效，但也可能受到某些主观因素的影响。

要了解企业和客户之间的交易是否有效，我们首先必须了解客户获得价值的必要条件，如图 0-1 所示。如果您看到此图的话，此处有 3 个关键的检查点。第一，客户必须获得企业推送给市场的解决方案。很显然，如果客户在经济上或物理上受阻，无法获得原本用于满足他们需求的产品和服务，他们就无法获得价值。第二，有条件的使用权。客户必须使用这些产品和服务，同样，除非客户实际体验或使用了企业提供的解决方案，否则他们无法获得价值。第三，在已获得和已使用的条件下，产品或服务的性能必须满足客户的期望，也就是说，它必须令人满意地满足顾客的需要或愿望。

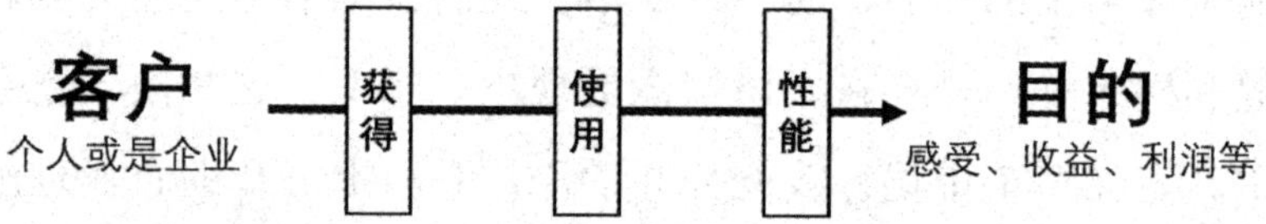

图 0-1　客户获得价值的必要条件

我们认为，当客户在任何一个或多个这些检查点遇到摩擦时，交易效率就会变得低下。传统上，企业通过出售它们所制造的东西来赚取收入，但这可能会阻碍客户对产品的获得，让客户曲解产品的使用，并且无法提供产品的性能保证。事实上，一个专注于将所有权转移给客户的盈利模式对企业来说可能显得更安全和明智，但却会因为让客户自行决定而缩小了市场上的潜在机会。一些客户可能因产品价格过高而无法支付，或者因为不方便而选择放弃购买。另一些客户也可能担心自己的喜好会改变，所以他们会认为所有权是一个“甜蜜的”负担，并也因此决定放弃购买。而还有一些客户决定支付较少的费用，这是因为他们考虑到自己可能不会充分使用该产品或服务，或该产品或服务不像广告中表现得那样好，抑或是两者都有可能。

幸运的是，如图 0–2 所示，企业仍有选择权，一家企业可以通过它在任意一个检查点的产出（“手段”），或是通过客户（“目的”自身）所寻求的实际解决方案获得收入。通过降低入门门槛和转移客户的风险负担，新的盈利模式帮助企业对产品的获得、使用和最终性能负责。具体来说，诸如订阅模式、会员制，和“一切即服务”等盈利模式，将付款锚定在次数而不是有形的商品或服务上，从而为那些可能被排除在外的有利可图的客户打开市场。这种“按次付费”的安排解决了不同类型的产品获得问题。首先，客户可能没有能力在需要时访问销售点，或者他们缺乏在库存耗尽之前进行额外购买的预见。其次，客户可能没有足够的资金以完全拥有产品或服务。最后，在音乐、电视、时尚和书籍等许多类别中，虽然单品都很便宜，但多样性很重要，这使整体购买量变得很大。

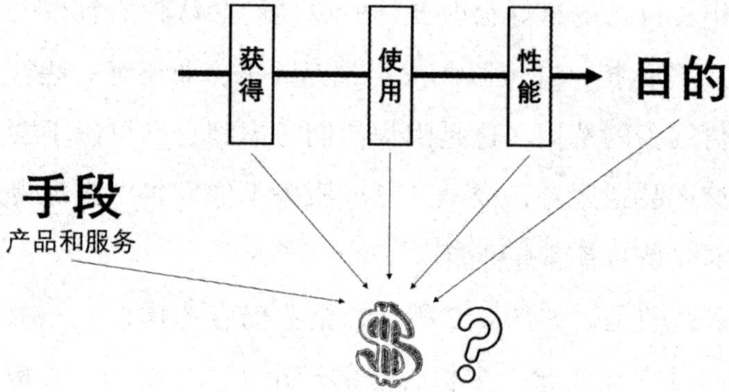

图 0-2　企业的盈利模式

其次，基于分类计价、计量或共享的盈利模式将付款和使用连接起来，不仅可以增加获得产品的可能性，还可以追踪消费活动。在分类计价模式中，企业会将其产品数字化，并以颗粒度更细化的形式将产品提供给客户。计量模式则意味着企业虽提供整个产品，但只收取产品使用的费用。建立在共享基础上的盈利模式则是指卖家通过管理或加入一个平台，在许多感兴趣的用户之间分销产品或服务。这样的“协作消费”模式正在以惊人的速度增长。

最后，注重实际成果的盈利模式可以扩大产品可获得性，反映使用情况，并保证产品有良好的性能。传统上，“按结果付费”的协定在产品性能是客观的、可量化和可核实的情况下能够取得成功。然而，近年来，类似的协议已经在健康、教育、保险甚至现场娱乐等消费市场上生根发芽。

本书为愿意迎接问责制挑战的商业领袖提供了适宜的指导方针。本书提供了一个框架，以帮助理解从订阅模式和协作消费模式到结果导向模式的创新型协议是如何与客户对价值的追求保持一致的。同时，本书对企业内外所采取的步骤以及从相应行动中可以获得的益处，做了进一步的定义及阐明。

显然，一个企业越能将其赢利的方式与客户获取价值的方式保持一致，它对产品的获得、使用、性能这三个检查点的责任就越大。这样一来，企业与客户之间的交易就会变得更“精简”（效率更高，浪费更少）。如图 0–3 所示，当企业使其盈利模式符合客户所寻求的“目的”时，也就是市场潜力转化为实际市场价值的时候。

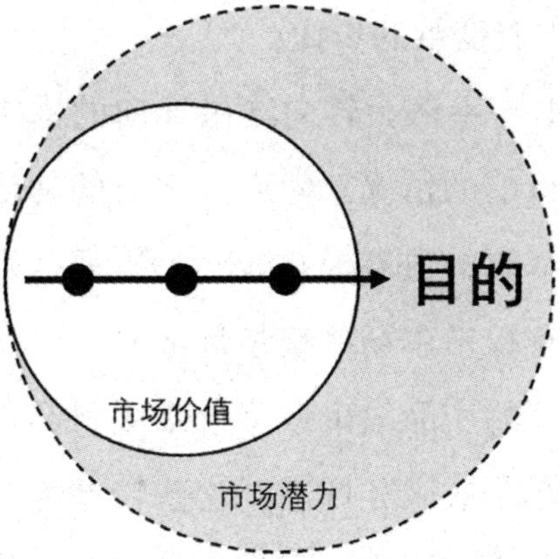

图 0–3　企业盈利模式与客户“目的”的关系

因此，最精简的交易发生于当一家企业的命运取决于它能够创造自身的价值时。一些与客户密切合作的企业——如医疗保健提供商、大学、领先的工业制造商和许多初创企业——已经把它们的定位和未来作为赌注押在了这个衡量标准上。它们认为自己应该对此负责。本书中所提及的很重要的一个教训是，尽管按成果付费可能是当前赛道的终点，但不一定是未来赛道的终点。环境当然很重要。第一，企业内部存在着阻碍，即：我们对“成果”一致的定义是什么？在这个衡量标准下，我们的产品如何与竞争对手一争高下？我们如何以一种明确的方式表达我们的优势？我们对目前的盈利模式转换有什么计划？第二，消费者扮演着不可或缺的角色：他们愿意在多大程度上与企业分享关于消费的信息？在取得成功的过程中，消费者对于发挥自己的作用有多主动？第三，技术将永远标志着变革的步伐。

因此，本书并不认为转向结果导向的模式是迫切且必要的。这夸大了目前的情况。然而，本书的确认为，以产品或服务所有权为基础的盈利模式显然是不那么好的。当出售产品或服务的所有权是市场的衡量标准时，产品竞争力较弱的企业可以通过好的产品故事或降价来吸引客户。随着一些企业采用更好的产品或服务标准，这些较差的企业将不再有其容身之地。在企业和客户之间实现精益交易的世界中，客户口袋里的钱最终将流向企业给出的证明，而不是给出的承诺。

在今天，只要大多数企业愿意学习研究并为更大胆的举措做好准备，使用以次数或是以使用权为基础的盈利模式并不是一件很难的事。

从“价值交付”中可以期待获得什么

本书的第一部分提供了向精益商业过渡的来龙去脉。第1章追溯了以客户为中心作为一种管理理念的演变，并从作者的角度解释了为什么这种演变是不完整的。从生产到分销再到沟通，企业已经学会从客户的角度思考，并以客户利益为中心重新构想每个流程。但以客户为中心还没有得出合乎逻辑的结论。而这缺失的最后一部分，就是企业将客户价值转化为企业价值的过程。

在第2章中，本书描述了最近的技术进步如何赋能企业实现以客户为中心的逻辑闭环。这个办法就是企业应该收集、分析和解释两类信息：一类是关于客户何时及如何消费产品和服务的信息，另一类是关于这些产品和服务实际性能的信息。这两类信息我们称为影响数据。这在一定程度上帮助企业奠定了其认知的基础，即企业为了更有针对性地处理浪费的不同来源——在产品获得、使用以及性能方面，它们需要选择一种与客户如何从其购买中获得价值更为一致的盈利模式。

第3章强调了不同的盈利模式如何减少或加剧企业如何为客户创造价值与如何为自己创造价值之间的错位。错位会导致三个产品浪费的来源相互关联，给我们经济上的许多领域带来负担，所以这种错位有被消除的迫切需要。

第二部分提供了一系列丰富的示例，以说明企业已经在探索“价值交付”商业模式，消除低效，使商业活动变得更加精益。第 4 章介绍了那些改变盈利模式（或从头开始实施新模式）的企业，分析这些企业如何使其产品能够被更多的客户使用，同时最小化财务风险。第 5 章展示了企业如何对产品进行分类以使消费更加灵活，如何通过计次消费来解决产品获得和使用上的浪费问题，或如何通过将闲置资产与共享经济连接起来以激活闲置资产。第 6 章提供了一些关于通过交付成果来盈利的企业的示例。企业通过这些安排来表明，在最高层次上探索“价值交付”商业模式，改变了企业及客户对于双方之间的交易可达何种效果的认知。

第三部分是关于行动的。它侧重于企业将面临的挑战。第 7 章就如何回答一个看似简单的问题提供了指导：我们要求客户支付什么费用？它提供了定义交付成果的标准，以形成更高效的盈利模式的基础。第 8 章探讨了为什么在追求精益商业方面最有可能成功的企业往往最不愿意采取“价值交付”商业模式：一些自我强加的障碍阻碍了它们。第 9 章探讨了有关影响数据的问题，尤其是在收集、保护和使用方式方面，在不危及客户的隐私下帮助他们。一家企业只有在能够获得足够的相关信息的情况下，才能对交付成果进行概念化、衡量和收费。第 10 章着眼于管理客户所涉及的问题，以使客户对交付成果的质量能够做出积极的贡献。产品获得、产品使用和产品性能的浪费的消除，通常取决于客户的积极性和参与度，这是企业无法视为理所当然会存在的两个要素。因此，实施确保客户做出积极贡献的机制非常重要。

第三部分以第 11 章作为结束。该章检视了一家成熟的企业在开始执行“价值交付”商业模式时，其内部所面临的更多的具体障碍。其中包括必要的文化变革，以帮助企业克服惰性，免落窠臼。通常情况下，新企业通过引入一种旨在改善市场可获性、反映消费甚至可能保证性能的盈利模式，以成功地减少浪费。这些成功的故事给成熟企业留下了一个困难的挑战，而这个挑战即便不关乎生存，却也需要紧急回应。如果企业不放弃它们过时的做法，就可能会被迫完全放弃它们的商业旅程。

在 21 世纪实现的技术突破之前，大规模的精益商业活动是不可能存在的。没有一个实用的方法来识别和消除数十亿美元的浪费，而正是这些浪费使客户感到沮丧，扼杀了商业机会，并阻碍企业充分利用其能力为客户提供价值。然而，精益商业活动现在不仅是可能的，而且是企业的一项任务。本书中的概念、示例和建议将赋能企业，并且帮助它们走好前方的坎坷之路。

THE ENDS GAME

第一部分

场　景

How Smart Companies Stop Selling Products and Start Delivering Value

第 1 章　未竟业务

让我们一起想象一下，一家零售商店将自己塑造为“一间‘无所不有商店’推销给消费者，商店里拥有无数的包罗万象的产品系列，且这些产品均以极低的利润出售”。[1]履行和维持这一诱人的“无所不有商店”定位，需要企业做到对客户的不懈关注，努力满足每位消费者的需求和愿望。在这个特殊的案例中，“企业对消费者需求的精准洞察是如此不可思议……以至于对其许多铁杆客户来说，它不仅是最好的选择，而且是唯一值得考虑的选择”。[2]

乍一看，这似乎是对中国最大的零售平台阿里巴巴的准确描述，该公司在每年的 11 月 11 日发起“双 11”购物节（由于日期特殊，这一天也被称为“光棍节”，它是阿里巴巴一年一度的全场大促日）。阿里巴巴在报告中提到，在 2019 年的“双 11”活动中，它销售了价值 2684 亿元（约 383 亿美元）

的商品，覆盖20多万个品牌。这场活动被称为“地球历史上最大的销售活动”，2019年的“双11”轻松打破了前一年2135亿元（近305亿美元）的纪录。[3]“今天最好的表现，是明天最低的要求”这句口号，证明了阿里巴巴渴望一次又一次打破纪录的雄心。

又或者，“无所不有商店”这种形容也可以套用在亚马逊身上。亚马逊Prime计划目前已覆盖超过1亿的会员，而亚马逊也已于2018年成为历史上第二家市值超过1万亿美元的公司。[4]2019年亚马逊Prime会员日的数据显示了其在全球客户心中的稳固程度：客户在48小时的疯狂购物活动中下单了超过1.75亿件商品，也就是说亚马逊每秒售出了1013件产品！[5]

然而，我们在开头所提到的“无所不有商店”并不是阿里巴巴，也不是亚马逊，而是西尔斯·罗巴克百货公司。

当然，本书指的是处于鼎盛时期的西尔斯百货，它的商业辉煌曾持续了大半个20世纪。西尔斯百货这家企业在19世纪末期以邮购业务起家，随后在当时的市场中迅速上升到了可与今天的阿里巴巴和亚马逊相媲美的地位。虽然将处于截然不同时代下的零售巨头进行对比略显突兀，但事实上，这种对比恰恰表明，在任何时代，企业都可以通过将卓越的运营与对客户的不懈关注结合在一起而获得成功。这种结合标志着自工业革命开始以来现代商业的兴起。多亏了一长串的先驱者，20 世纪的商业已经从一种只关注企业自身发展的活动——制造企业所有技能允许制造的东西，然后将其“推”到客户手中——转变为一种让企业更关注外部发展的活动。而驱动企业向外关注活动的，正是其几近痴迷地了解那些已经完成购买的个人客户或企业客户的态度和行为。

不可否认的是，作为一种管理理念，以客户为中心已经帮助数以百万计的人和企业获得了前所未有的产品和服务，通过教育市场了解产品的真正好处和应用范围来鼓励消费，并促进创新，使企业能够对业绩做出越来越大胆的承诺，并经常兑现。然而，尽管取得了这些进步，商业活动仍然受到本书在引言中提到的那些低效率的阻碍。

造成这一切的根源究竟是什么？为什么商业活动依旧存在如此多的浪费？在本书看来，问题不在于以客户为中心存在某种缺陷或是这一理念的效果不好。恰恰相反，我们认为，问题在于大多数企业未能将以客户为中心的承诺贯彻到实际业务逻辑中。实际上，现今的企业在设计产品和对自身进行市场定位时，往往都认为自己是完全以客户为中心的，几乎在任何企业官网上都能看到其对客户的赞美，并宣扬自己对客户是多么的重视。问题在于，当企业真正决定如何从客户那里获得收入时，却又几乎从不关注客户。这种过失将直接导致企业错失市场机会。

我们认为，至少有两个原因可以解释以客户为中心的管理理念通常很难落地。首先，企业可能根本没有意识到将盈利模式与客户如何从购买对应的产品或服务中获得价值这两者进行结合的重要性。因此，在构思并开发了新产品或服务之后，许多企业就忘记了它们对客户所做出的承诺，反而更关注内部资源所造成的各种限制：例如，我们把这个解决方案推向市场的成本是多少，我们愿意承受多大的风险，我们期望的投资回报是什么。

其次，一直以来，关于客户如何与产品和服务互动，以及如何从中获得价值等这些有意义的信息，企业都无法获得。虽然在客户完成购买行为之后，继续要求企业采用以客户为中心的方法进一步创造隐性收入是很难想象的；但在过去，收集关于产品使用和产品性能等信息的重要性在很大程度上被企业忽视或无视了，而这也是事实。退一万步说，当企业的经济收入处于危险中时，企业往往更趋于保守，而收集信息的做法在当时还是较为激进的。

如今，在 21 世纪，技术提供了解开这个谜团的机会，可以把以客户为中心放在整个商业循环中，从而解决商业活动中存在的许多浪费问题。在下一章中，本书将更多地讨论技术的发展是如何改变游戏规则的，以及企业应当如何利用这些技术。然而，就目前而言，本书希望能以时间为脉络梳理并追溯以客户为中心的这一管理理念的演变。接下来我们将分别描述大规模生产、大规模分销和大众传播的起源和兴盛。

为每一个钱包和每一种用途都造一辆车

如果不频繁使用“大量”和“规模”等词，就不可能描述和解释工业革命。18 世纪下半叶，亚当·斯密（Adam Smith）成为最早记录和解释规模化是如何影响工业化的经济学家之一，他还将这一理论与劳动分工理论联系起来：“凡能采用劳动分工制的工艺，一经引入分工制，便能相应地增进劳动的生产力。”[6] 他断言分工将推动大众创造财富，并以这个中心思想详细阐述该观念：“劳动分工促使所有行业可以产出的产品数量大幅增加，使得共同富裕的理念得以在一个治理良好的社会中惠及最底层的人民。”[7]

在 19 世纪新兴的工业社会里，企业必须学会如何经济地生产和销售产品，这样才不会因为定价过高而被挤出市场。对一些企业来说，最大的阻碍实际上是如何在一开始就弄清楚产品制造的窍门。大量的时间、精力和金钱都投入有关生产改良的两个方面：一是工厂车间生产时的物理过程，二是产品的功能和要素（包括策划、设计、质量和一致性）的组合。因为当时市场上的竞争相对较小，制造商还未面临需要将产品“适配”于不同客户或满足有独特需求的客户群体的压力。从企业的角度来看，客户能够买到负担得起的产品已经很幸运了。

关于这一现象，有一个非常完美的例子，那便是“汽车大王”亨利·福特（Henry Ford）在一个多世纪前推出的大规模生产的汽车。在福特 T 型车推出之前，汽车显然是一个小众产品。大多数人无法直接意识到对它们的需求，更别说能买得起了。福特是一个有远见的人，他宣称："我要制造人人都买得起的汽车。"[8] 在为"人人都买得起"的汽车进行定价的时候，他没有委托任何机构进行复杂的市场调研，来了解潜在客户想要什么并愿意花高价购买什么。相反，他决定根据生产成本定价。随着福特充分应用亚当·斯密的劳动分工理论，流水线生产效率的提高使得汽车生产成本成功实现大幅下降。

一年之内，从根据制造一辆汽车所需时间来衡量生产率的角度可以看到，一辆汽车的制造时间从 12.5 小时缩减到仅需 93 分钟。[9] 自此，福特拥有了可以进一步降低价格并打开更大市场的能力。福特的汽车产量也从 1908 年的 1 万辆一路攀升到 1920 年的 933720 辆。[10] 这种大规模改进的关键在于坚定产品的一致性。众所周知，福特曾说过："任何客户都可以将汽车涂成自己想要的颜色，只要它原本是黑色的。"他已经认识到客户对可负担、可信赖的交通工具的广泛需求，但拒绝纵容我们今天所说的个性化（当企业对产品进行调整）或定制化（当客户对产品进行调整）。事实证明，福特凭借 T 型车的存在和极具吸引力的价格，便足以推动其销量。

然而，随着时间的推移，生产技术进一步带来了大范围的制造成本的降低。面对日益激烈的竞争，企业的注意力自然而然地从如何经济地制造产品，转移到如何销售出更多的产品。当客户开始有了选择后，企业们发现，有一个方法可以吸引客户的注意力，那就是更好地为客户提供真正想要的东西。

到了 20 世纪 20 年代，美国汽车工业以一种相当戏剧性的方式见证了这一转变。尽管福特当时仍希望制造一款“人人都买得起”的汽车，但通用汽车公司（GM）总裁兼董事长艾尔弗雷德·普里查德·斯隆（Alfred P. Sloan）认为，更好的策略是“为每一个钱包和每一种用途都造一辆车”。这一想法促使通用汽车生产了一系列不同等级的汽车，其中雪佛兰位于质量和价格区间的低端级别，凯迪拉克则位于高端级别。当斯隆接管通用汽车时，福特仍拥有 60% 的市场份额，而通用汽车只占 12%。[11] 然而，到了 1931 年，通用汽车已经成为世界上最大的汽车制造商，并在后来的 77 年里一直保持着这个头衔，直到被丰田（Toyota）取代。[12]

当卓越的运营与满足客户需求的使命相结合，必将催生差异化。《汽车新闻》（*Automotive News*）于 2008 年发表了一篇文章，文章的子标题简练地总结了这种情况：“蓬勃发展的 20 年代清楚地表明，人们购买车实际上购买的是地位和新鲜感，而不仅仅是一辆车本身。”[13] 该篇文章列举了若干原因以解释通用汽车的崛起，其雪佛兰品牌在抢占福特 T 型车市场份额上取得了巨大的进展，主要因素包括柔性制造技术的发展，汽车造型的影响力越来越大，以及广告对客户与产品关系的影响。[14]

火车、飞机和汽车

一旦企业弄清楚了如何以一种节约成本的、流水线般的方式生产各类商品，以客户为中心的重心将再次转移。分销成为企业业务发展的新瓶颈。事实上，当某个市场首次出现竞争时，大多数企业往往会急于使它们的产品以一种对客户有意义的方式从竞争对手中脱颖而出。但是，随着企业逐渐耗尽明显的差异化优势，企业就会努力使它们“进入市场”的方法——让产品和服务到达有兴趣购买的人——对客户来说更加普遍和方便。

西尔斯百货的崛起代表了大规模分销的演变。《史密森尼》（*Smithsonian*）杂志曾发表过一篇文章，用一句话总结了该企业的发展遗留给世人的财富：“西尔斯教会了美国人如何购物。”[15] 在西尔斯成立的最初几十年里，如同现在的亚马逊一样，西尔斯为美国农村地区提供了一大批前所未有的商品。事实上，正如亚马逊最初将注意力聚焦在书籍商品上一样，西尔斯于 1893 年开始只销售一种产品：手表。[16] 在 1925 年开设第一家百货公司之前，它没有设立任何的实体店。该企业在 20 世纪初的声明表明了其通过规模化改善产品可获得性的强烈愿望。“由于我们的商品销量巨大，我们能够与有代表性的制造商和进口商基于需求量签订合同，从而确保我们的商品以尽可能低的价格售出。”西尔斯声称。[17] 在这种情况下，价格成为分销的基础，而大宗交易实现了这一简单的目标（不断降低商品价格）。[18] 一直到 20 世纪 70 年代，西尔斯都占据着商品目录式零售商的主导地位，当时美国有大约一半的家庭都拥有该企业的专有信用卡。[19]

当然，有人可能会说，大规模分销先于大规模生产，因为几个世纪以来，人们一直在长途运输大宗农产品。无论是丝绸之路、汉萨同盟，还是中世纪的欧洲远洋船队，寻找和挖掘更有利可图的贸易路线并不是什么新鲜事。然而除了农产品，大规模、有组织的分销的真正发展得益于 19 世纪末和 20 世纪初出现的新的赋能技术，其中一项伟大的技术就是铁路运输。就如同世界上其他地方一样，在美国，铁路在帮助人们及时获得想要的货物方面发挥了关键作用。1944 年的一项研究认为："更重要的是，那些原本不可能产生任何商业的地区，因铁路的出现得以发展。从历史的角度看，大多数美国社区和地区之所以兴起，包括独特的农场、工业公司和聚集地，都得益于铁路的出现。"[20] 已故的加拿大哲学家马歇尔·麦克卢汉（Marshall McLuhan）捕捉到了铁路所起到的变革作用，并写道："尽管美国发展了内陆运河和内河蒸汽船的大规模服务，但它们并不能促成新工业生产的飞速发展。能够帮助人类横跨大陆的铁路技术的出现，恰好满足了机械化生产的变革需要。"[21]

芝加哥的城市发展正是大规模生产和大规模分销相结合的缩影。普利策奖得主，诗人卡尔·桑德伯格（Carl Sandburg）

在他所撰写的《芝加哥》（*Chicago*）一诗中的开头和结尾，将这座城市描述为“世界的杀猪屠夫、工具匠、小麦堆垛者、铁路运输家和国家货运工”。[22] 并非巧合，许多直邮零售巨头的总部的确都在芝加哥，例如，明镜公司（Spiegel，成立于 1865 年）、蒙哥马利百货公司（Montgomery Ward，成立于 1872 年），当然还有西尔斯。芝加哥同时也是领先的制造和印刷中心。尽管在过去的 150 年间，芝加哥在全美铁路货运中所占的份额有所下降，但它仍然居于主导地位——2018 年，超过一半的美国铁路货运都会经过这个城市。[23] 尽管货车运输早已超越铁路运输成为美国货运的主要方式，但二者的差距非常小：2017 年的全美货运量中，以吨英里（1 英里≈ 1.61 千米）为单位计算，铁路运输占比约 33%，货车运输占比约 40%。[24]

争夺眼球

随着生产和分销的问题看似已被解决，企业随之将注意力转向另一个当务之急：比起“如何以经济实惠的方式制造和交付客户真正想要的产品”这种问题，企业开始思考：“怎样才能更好地赢得客户的关注？”

企业意识到它们需要一个更精妙的商业秘方，并以此来打破竞争引起的混乱，同时培育新的市场需求。这一方法将通过微调产品中更“无形”的、与品牌相关的元素，来补充企业在根据客户需求改进和定制产品和服务上已付出的努力。企业这样做的目标很明确：主动将自己的产品和服务植入已有和潜在客户的脑海中。由于潜在利润足够丰厚，为了实现这一重大目标，企业们开始着手进行结构化的市场研究，寻求更精妙地与客户沟通的方式。大众广告就这样诞生了。

有人可能会说，19 世纪末期的美国是专业化传播和营销广告生根发芽的沃土。麦克卢汉则强调了书籍作为第一种现代大规模生产的媒体产物所起到的作用，他指出："在 19 世纪，扫盲进程的均质化力量在美国比在欧洲的任何地方都要强大，换句话说就是，美国的民众识字率比欧洲任何地区都要高。从一开始，美国就将印刷技术用于其教育、工业和政治生活。"[25] 与此同时，如留声机、电影和广播等技术的出现及其应用则"对美国社会产生了深远影响。它们打破了当地邻里和社区之间的疏离，第一次令所有的美国人——无论其阶级、种族或地域——得以共享同样的资讯和娱乐活动"。[26]

大众广告——以及我们所知的现代营销功能——是与这些技术同时出现的。得益于全国性的广告宣传活动，像金佰利（Kimberly-Clark）和棕榄 [Palmolive，1953 年与高露洁合并后，现使用高露洁棕榄（Colgate-Palmolive）作为公司名称] 这样的包装商品制造商，以及固特异（Goodyear）等其他知名品牌开始迅猛发展。此外，这些广告宣传活动经常促使广告代理商进行进一步的测试，以记录我们今天所说的案例。

有些案例对企业进行业务调整有着显著的影响。例如，舒洁（Kleenex）在1924年由金佰利旗下的一个部门推出时，原本用途是作为雪花膏和一次性卸妆剂。到了1930年，广告公司罗德汤玛士（Lord & Thomas）建议金佰利对人们在日常生活中使用该产品的实际情况进行调查研究。令金佰利惊讶的是，调查结果显示，消费者主要用舒洁产品护理鼻子，而不是用来卸妆。这一基本洞察使得该产品被重新定位为一次性手帕纸，并在一年内攀升为金佰利的主要营业利润来源。[27]

在相对较短的时间内，利用市场研究更好地了解客户，并产出能与客户产生共鸣的营销方案的方法变得越来越受欢迎，也越来越"科学"。正如广告领域的伟大先驱之一——克劳德·霍普金斯（Claude Hopkins）所说："猜测是昂贵的。"[28]曾经作为营销商和直邮公司营销文案撰稿者的亲身工作经历，启发了霍普金斯：企业对严谨研究是感兴趣的。他在描述这段经历时，认同了企业对卓越运营的痴迷，这种痴迷推动了大规模生产和大规模分销的诞生："对广告人员来说，最严峻的考验是通过邮件来销售商品。因为谬论会像阳光下的雪花一样融化。我们也可以直接从所获得的回报中，看出广告活动会带来盈利还是损失。数字是不会说谎的，它可以立刻向人们说明广告营销所带来的好处。当所有的猜测都被移除，每一个错误都是显而易见的时候，将更能激发人们的奋斗精神。因此，人们了解到广告必须以科学为基础，才能获得公平的成功机会。霍普金斯还意识到，浪费的每一美元都会增加交付成果的成本。”[29]

得益于乔治·盖洛普（George Gallup）博士的帮助，20 世纪 30 年代，企业在追求严谨性这一方面迈出了重要的一步。盖洛普于 1901 年出生于美国艾奥瓦州，随后在艾奥瓦大学获得了博士学位，并在教授新闻课程时开始广泛研究公众舆论。他的早期研究包括对数百名广告高管的调查，结果显示，强调产品功效和价格优惠的广告最受高管青睐，但“在公众中的分量却要小得多”。他利用这些发现倡导企业通过一种以经验为依据的方法来理解客户的偏好。[30]1932 年，盖洛普加入了广告公司扬·罗必凯（Young & Rubicam）。后来以盖洛普名字命名的公司成立了，它声称：“比任何其他企业都更了解 70 亿员工、客户、学生和公民的‘意愿’。”[31]

基于学会如何将自身的运营能力与对客户群的深度洞察结合起来的优势，西尔斯百货也加入并成为这一时期的弄潮儿。事实上，西尔斯百货的成功，已经引起了出生于奥地利的传奇管理思想家彼得·德鲁克（Peter Drucker）的注意，他将其作为一个正面案例，来说明大型企业是如何学会将注意力从关注企业自身转移到所想要服务的市场上的。德鲁克解释道：“真正的营销始于西尔斯百货的起步之路——客户，以及与之相关的人口统计数据、现实情况、需求、价值观，等等。企业不会问：‘我们想卖什么？’它会问：‘客户想买什么？’它不会说：‘这就是我们的产品或服务所能提供的。’它会说：‘这些就是客户所追求的满意、价值和需求。’”[32]

这一时期的广告和营销高管们将自己的独创发现浓缩成极具吸引力的概念，一直延续到今天，其中包括备受欢迎的USP理论——“独特的销售主张”或“独特的卖点”。它由美国广告大师罗塞·瑞夫斯（Rosser Reeves）在20世纪50年代首创，瑞夫斯在他撰写的《实效的广告》（*Reality in Advertising*）一书中用一个精确的定义介绍了这个理念。[33]首先，“每一个广告中必须包含一个向消费者提出的销售主张。不只是文字，不只是产品吹捧，不只是橱窗广告。每个广告都必须对每个观众说：‘买下这个商品，你会因为它的独特用途而受益。’”第二，他强调“这个销售主张必须是其他竞争对手无法也不能提出的。它必须是独一无二的——要么是品牌的独特性，要么是该特定广告领域从未提出过的主张”。因为留意到这两个标准通常很容易被满足，他在第三点中加入了“迎合大众”的元素：“销售主张必须足够强劲，以至于它能够打动数百万用户，换句话说，要吸引尽可能多的新客户购买你的产品。”

在过去的30年里，企业已经增强了它们的客户导向性。市场研究技术在理解客户购买的真正动机方面持续取得进展。为适应这些个人动机而量身定做产品和服务的过程也越来越复杂。亚马逊在其文件范例中声称，它“遵循四个原则：关注客户而不是关注竞争对手，对创造充满激情，对卓越运营的承诺，以及长线思维”。[34]另一家全球零售巨头瑞典宜家（IKEA）的经营理念与西尔斯和福特的早期理念相呼应，它的运营愿景是:“为大众创造更美好的日常生活。宜家的经营理念是以极低的价格提供各种精心设计、功能齐全的家居产品，让尽可能多的人买得起宜家的产品。”[35] 然而，我们接下来会看到，我们通常所熟知的以客户为中心的追求，却自相矛盾地阻碍了企业，将其为客户创造的价值转化为自身财务回报。

商业的“后端”又如何?

广告界传奇人物大卫·奥格威（David Ogilvy）有句名言:“随便哪个傻瓜都能达成一笔交易，但创造一个品牌却需要天赋、信仰和毅力。”这句话代表了这样一种看法:尽管品牌推广和传播等活动本质上是战略性的、创造性的，同时也是困难的，但它们所带来的收入却是战术性的、公式化的，而且只需要经过简单的计算。[36] 因此，也可以这么说，商业的“后端”就是计算数字。

回溯历史，最精简的“交易”方式很可能发生在奥格威说出这句话之前的一个世纪，当时的一名美国商人，被称为零售先锋的约翰·沃纳梅克（John Wanamaker）在 1861 年发明了价格标签。[37] 他发明价格标签的动机源于他对经济的敏感性，和对标准讨价还价的态度——他认为这是“低效和无礼的”[38]，而标签可以直接说明销售单品的售卖价格。价格标签很快成为常态，因为它们极大程度上促进了以客户为中心的生产、分销和传播的持续发展。事实上，很难想象蒙哥马利百货公司或西尔斯百货将货物运往美国各地时，如果它们的商品目录中并没有确定好货物的固定价格，它们将用什么方式来获得成功。

与此同时，这项发明也带来了新的挑战。企业应如何在发生实际交易之前为所有客户确定好一个合适的价格？企业应如何将不同客户之间可能存在的支付意愿差异汇总成一个数字，然后打印出来供所有人查看？即使在最理想的情况下，这些问题似乎都难以回答，更不用说在整个20世纪的大部分时间里，大多数企业都面临着这些问题。因此，企业逐渐将定价决策从客户和客户所注重的东西本身（讨价还价的重点），转移到一种它们可以信任并且容易收集的信息上，即提供产品以及确定将其推向市场的成本。

从本质上来说，在企业努力与客户建立更紧密联系的过程中，价格只不过是一个旁观者。与其考虑创造收入的过程如何协助企业与客户建立更紧密的联系，不如关注如何收回成本和最大限度地减少所有干扰。价格标签的发展也由此变得顺理成章，虽然它在事后被认为是一种营销战术，但这也反过来巩固了这样一种观点：一家企业唯一合乎逻辑的做法是销售自己生产的“产品”来赚取收入。

在下一章中，本书将探讨突破性技术是如何彻底改变这种观念的。对商业后端的关注是大部分企业还未涉足的蓝海，而技术的发展将成为消除当前市场中存在的产品获得、使用和性能浪费的催化剂。

第 2 章　超越客户需求和体验之旅

成功开发一种新药可能需要 10 年或更久的时间，而其中大部分时间都将耗费在临床检验上。[1] 但是，尽管已经完成了全部的尽职调查，当药物最终上市时，仍然会引发一系列新的疑问：有多少患者没有正确地服用药物，甚至根本没有服用？是原定的病人还是别人服用了？有多少病人擅自减少药量？为了在配药前做出准确的判定，医生应该接受病人的建议吗？抑或查看一下处方的配药频率，再得出结论？还是说，只要病人的治疗效果有所改善，医生和医疗保健系统就应该忽略这些问题？

这些悬而未决的问题促使了一种突破性的药物产品的研发——Abilify MyCite。这种药物于 2017 年获得了美国食品药物监督管理局（FDA）的批准。它是一种含有可摄入传感器的药片，可以通过数字化技术追踪患者是否服用了药物。[2]FDA

发布的新闻稿解释了 MyCite 系统的运作方式："当病人吞入'Abilify MyCite'后，药片会和胃酸发生反应，随后发出信号。此时，贴在病人身上的可穿戴贴片会接收到该信号，并将信息传输到移动应用程序（App）中，这样病人就可以在他们的智能手机上追踪药物的摄入情况。而且病人还可以允许其护理人员和医生通过网络门户获取这些信息。"[3] 在这个过程中，Abilify 药片所提供的正是我们所说的影响数据。

影响数据揭示了客户何时及如何使用产品和服务，以及这些产品和服务的实际表现如何。目前，企业在理解客户最终从某次购买中获得哪些价值的过程中，影响数据是缺失环节。以客户为中心，正如管理者通常理解的那样，源于企业对识别客户需求和愿望的追求。在过去的 10 年中，企业在描绘这些购买动机以及客户的购买过程（所谓的决策过程）和体验方面都取得了不少进展。然而，在 21 世纪信息技术广泛普及之前，企业无法直接、完整和实时地观察客户的购后行为。

而现在，企业需要通过收集和使用影响数据，来完成以客户为中心的循环。每一家企业都有类似的问题，而如果没有影响数据，这些问题将无法被有效解决。比如：我们的客户使用我们所提供的解决方案的频率和效果如何？客户在何地以及为什么使用这些解决方案？客户的满意程度如何？

影响数据增加了信息传递的透明度，使企业能够准确地查明客户行为模式的变化，并就这些变化发生的原因得出更可靠的结论。企业可以通过改进它们的产品和服务，为自己和客户创造更多的价值。影响数据的收集和解释为改善企业与客户的交易创造了巨大的机会，因为由此产生的洞察可以促使企业采用更有效的盈利模式。

与此同时，因为影响数据是大范围的、关乎个人的，甚至有可能暴露客户倾向保密的行为，所以它们也为企业带来了一系列新的义务。企业应该使用影响数据来开发客户关系吗？还是应该利用它们来提高业务效率？这些义务产生了对问责制的共同要求。客户可以要求企业根据客户的个人利益 / 偏好使用影响数据。如今，技术的发展已使得产品与服务所能提供的体验大幅提升，因此，客户自然就会倾向选择那些采用与他们所获得的价值最相符的盈利模式的卖家。套用一句老话，企业应该让客户所花的每一分钱都物有所值，不多不少刚刚好。反过来，企业也可以要求客户承担责任，确保他们以能实现最佳结果的方式使用产品或服务。最后，也是最重要的一点，企业可以（也应该）要求自己承担责任，承诺只利用影响数据来帮助自己与客户交易。

影响数据为何重要

想一想汽车里程表。“这车开了多少英里了？”这是当有人开车来维修时，汽修工首先会问的问题之一，这也是潜在二手车买家会问的最重要的问题之一。很明显的是：所有车行驶的里程数都是不一样的；而不太明显且直到最近还很难被准确识别到的关键信息是，每一英里的实际行驶情况是有多么不同。总里程数并不能显示谁用了这辆车，产生这些驾驶里程时的行驶情况如何，以及这辆车在每一英里的表现如何；总里程数也无法让人解析因汽车出现问题而暂时无法获取的那些未驾驶里程数。

尽管如此，汽修工和潜在买家都可能对汽车里程表读数赋予多层含义。这个数字会影响到他们对汽车损耗、维修需求、剩余价值以及车辆预计使用年限的期望值。汽车制造商也对一段时间内可能产生的行驶里程数据做了假设，并将其纳入所提供的保修方案。例如，在英国，大众高尔夫（Volkswagen Golf）——世界上最畅销的汽车之一，目前设定了 3 年的保修期，其中前两年的保修不限制行驶里程，第三年的保修则限制了里程数需要在 60000 英里以内。[4]

现在我们再想象一下，假如汽车没有配置里程表，对车辆的使用情况做出像上述那样的判断会有多难，更不用说进一步从中得出有效的结论了。除了里程数，人们可以询问现任车主对车辆使用情况的印象，这些印象也可以帮助人们做出一些粗略的判断。人们还可以通过检查汽车有无频繁或长期使用的明显迹象，例如锈迹、磨损部件状况，或是否发出不寻常的声音等，来判断车辆的使用情况。但是，不管人们运用多少直觉和猜测，事实是没有人能够确切地知道汽车的使用情况或当前性能。一旦这辆车首次离开了汽车经销处的停车场，它能真正持续使用多久就成了一个谜。

如今，影响数据则可以帮助我们解开这个谜。拥有产品的个人客户可能对如何使用产品有一些见解，但只有独立于客户的记忆和感受收集到的影响数据，才可以提供关于产品的完整、准确和客观的理解。事实上，影响数据的缺乏会引发极度低效：由于人们需要某种产品或服务但却无法获得，有多少消费机会被浪费？除此之外，有多少商品的实际使用寿命远远超过了它们的预期寿命或使用寿命？有多少个体或企业不能完全摊销他们的月度或年度订阅费用？有多少客户购买了极少使用或从不使用的产品？最后，有多少消费者购买了并没有产生预期结果的产品或服务？

影响数据取代了传闻和猜测。正如本书在第 1 章中所描述的，企业有无数经过验证的方法供其支配，以解读客户的需求、愿望和决策过程。但企业仍然无法确定购买行为发生之外究竟发生了什么。谁是产品或服务的最终用户？客户在获得产品或服务后真正做了什么？相对于企业所承诺的功效和价值，其产品或服务的真实表现是什么？

如果没有影响数据，企业需要从重复的业务测量结果中得出推论，例如续订率，以及对客户忠诚度的测量，例如净推荐值（NPS），该值以回答一个问题的答案为基准，即“您有多大可能会向朋友或同事推荐‘公司 X’”。NPS 之父——贝恩咨询公司（Bain）合伙人弗莱德·雷切德（Fred Reichheld）在 2003 年出版的《哈佛商业评论》（*Harvard Business Review*）中解释了它的基本原理：“通过用一个问题取代那些复杂的客户满意度调研，企业可以从真正意义上将消费者调研结果投入使用，并让员工专注于刺激业务增长的任务。”[5] 这样的取代（影响数据的出现）可能已经很好地达成了企业的目的，即当产品使用和性能数据随时可获取时，企业将不再需要做出假设和推论。

影响数据的来源

要讲述技术如何创造这种新发现的透明度的完整故事，我们需要先了解过去 20 年，尤其是过去 5 年的技术进步。这些进步从根本上改变了企业与其客户之间的信息流动，同时也改变了产品和服务的本质。

我们把这些技术分为三大类：硬件、网络连接和智能。最基础的硬件包括能够收集和传输数据的设备。常见的例子是传感器和扫描仪，它们可以识别和测量环境的变化（如温度、湿度、动作、心率、速度、压力和体积等）。其他主要硬件组件是那些允许被传输或接收数据，或是两者兼而有之的通信设备。包含此类硬件的产品通常被称为“智能产品”。

网络连接是指能促进大量数据互换的网络。其中包括电信网络（3G、4G、5G）、有线网络提供的带宽，以及对虚拟计算或云计算提供的存储和应用程序的使用权。

智能是指接收影响数据的某人或某物如何转换、分析、解释和应用影响数据。它不仅包括使得数据对客户产生价值的应用程序，还包括更高级的领域，例如人工智能（AI）和机器学习（machine learning）。关于人工智能的最基本的概念，就是使用计算机和算法来模拟人类通常执行的高级功能，例如面部识别、模式匹配和决策制定。而机器学习，从根本上来说，是使这些算法在处理更多数据时能够实现自我改进的过程。

健身爱好者展示了人们可以如何从硬件、网络连接和智能的组合中受益。心率监测带中内置有硬件（传感器和发射器）。在锻炼过程中，智能手机（使用电信、局域网或 Wi-Fi 网络）接收监测带传输的影响数据，而智能手机里的 App 则以有效的形式实时向用户呈现数据。大多数应用程序允许用户在锻炼后存储相关的数据，然后通过手动或选择实时传送将数据发送给其他人。

在这种情况下，人工智能应用程序可以根据影响数据以及个人信息（例如体重变化、饮食习惯、健身目标、健康参数以及用户锻炼记录等），向用户进行未来应该如何锻炼的相关推荐。它还可以检测出程序自身的性能异常并持续自我改进。而人类则需要具备听诊器、体重秤、大量纸张、非常活跃的想象力和足够的耐心等一系列条件，才能完成上述所说的人工智能可以立刻且能更可靠执行的任务。机器学习则使得人工智能算法能够在接收更多数据以及更好地理解输入和输出之间的关系时，进行自我改进和自我纠正。

物联网是指实物设备之间所进行的通信。根据 Berg Insight 数据，2021 年，物联网终端的数量增长到 20 多亿个，预计到 2026 年将增长到 40 多亿个。这些设备产生了海量数据，包括它们的位置（由 GPS 技术追踪）、它们的表现、它们正在经历什么（由设备上或设备附近的各种传感器进行追踪），以及是谁在跟它们交流（通过移动连接、语音或面部识别的任何事物进行追踪）。

想要理解这些技术是如何协同工作的，可以看这么一个例子：现代汽车和“智能路面”的组合，后者由“嵌入了大量传感器、处理器和天线”的混凝土板组成。[6] 2018 年，科罗拉多州计划在一段高速公路上对这一组合进行测试。得益于传感器和通信技术，路面与所有行过路面的汽车可以相互读取数据并相互“对话”，以传输有关车辆重量、车辆类型、速度、路况和许多其他因素（例如驾驶员、乘客和货物等信息）的数据。所有这些交互都可以被传输并存储到云端，用于识别交通的实时情况，例如交通密度和潜在风险。有权访问数据的各方可以应用算法来识别实际的情况，例如，从是否需要使用自动路标标志告知驾驶员前方危险、即将到来的天气或突发的任何变化，到驾驶员是否可能因为一些危险驾驶行为而受伤或置身于危险之中，比如迂回越线、开得太快或太慢，或是使用充气不当的轮胎行驶（从轮胎中的传感器或车辆在路面上的重量分布推断）等。

如今，这些技术已十分普遍，它们收集和传输的数据种类也非常广泛。因此，只要具备必要的硬件、网络连接和智能，上述例子就可以应用于任何设备与任何个人的交互。影响数据不仅能提高企业和客户之间信息交互的透明度，还可以应用到多种场景之中。基于此，企业所面临的挑战是，它们是否会利用对产品使用和产品表现的更好理解来提高商业效率。这将涉及关于如何建立相对应的问责制的议题。

影响数据如何改变游戏规则

玩转“价值交付”商业模式的精髓在于，企业如何利用这种新发现的技术力量。这是有史以来第一次在技术的帮助下，企业有可能实时地、详细地、大规模地测量和了解消费、产品和服务的表现及其相互关联的模式。上述技术使追踪、存储和分析大量的影响数据成为可能，并最终使企业能够选择更加符合客户从购买中获得价值的盈利模式。当企业将业务重点从出售商品所有权转移到对产品获得、产品使用和产品性能收费时，它们将更容易实现对业务管理的追责。

让我们回顾一下汽车里程表的例子。比如说，共 5.5 万英里的里程数并不能说明如何使用车辆会导致这一结果，该里程数是如何随时间变化的，以及客户驾驶车辆的体验。就距离和时间而言，发生过多少次长途或短途旅行？旅行的目的是什么？是谁驾驶以及何时驾驶？每个驾驶员都具有独特的驾驶风格，这都有可能影响车辆的损耗和性能。基于对这一系列问题的认知，特斯拉为驾驶员提供一种服务，让驾驶员能够将其个人车辆设置行为或“驾驶员档案”存储在云端，并且下载到他们可能驾驶的任何特斯拉车辆中。[7]对应车辆会自动调整座椅、减震装置、后视镜位置和其他功能。此外，对驾驶场景的识别与数据收集也很重要：在冬季 6 小时 300 英里的旅行中，车上满载着行李并且有 4 名乘客，行驶在崎岖的、丘陵起伏的、蜿蜒的道路上，与在完美夏日里，车上只有一名乘客，行驶在平坦的、交通顺畅的道路上的驾驶场景对车辆造成的影响大不相同，所消耗的里程也是不一样的。

让我们再来看看音乐行业，通过又一个通俗易懂的例子，来说明企业现在可以追踪多少客户行为，以及这种现象缘何最近才得以兴起。多年以前，大多数人购买 CD 唱片时，可能除了购买者，没有人知道产品离开音乐商店后会发生什么。即便如此，本书作者也几乎可以百分百确定，绝对没有人能准确地说出，自己所拥有的任何一张 CD 的单曲播放频率，以及在何时何地播放。在过去，一旦客户购买了某张 CD，唱片公司将无从得知客户如何使用这张 CD，也无法得知 CD 的外包装是否已被拆除。至于客户的体验行为，则完全成谜。没有一个人能知道客户到底有多喜欢某一首歌。虽然艺术家和唱片公司也可以进行相应的调研或是相信口口相传的意见，但他们无法基于丰富的、动态的、大规模的事实基础来做出决定，即他们没有任何影响数据。

让我们将其与 Spotify 等流媒体服务商当前的信息收集行为进行比较。2016 年底，Spotify 发起了一场宣传活动，口号是“感谢 2016 年，这真是奇怪的一年”，并附上具有挑衅意味的评论，像是“那位在情人节听了 42 次《对不起》（*Sorry*）的伙计，你到底做了啥？”[8]Spotify 收集了大量用户的个人数据——包括他们的数据流的特点（是什么，在哪里，何时，如何）——并将其存储在谷歌云平台上。Spotify 的独有算法允许它推测这个“原因”。正如 Spotify 所描述的那样：“我们用于预测用户的音乐偏好，并根据用户个人音乐品味推荐音乐的系统，建立在先进的数据分析系统和我们独有的算法基础上。我们预测用户的音乐偏好，有效地根据用户个人音乐品位推荐音乐，这在一定程度上取决于我们收集和有效分析大量用户数据的能力。”[9]

这种描述让 Spotify 听起来像是一家自私自利的公司，但它呈现了企业在获得影响数据时可以做的事情。通过观察用户实际的使用模式，企业可以比以往任何时候都更理解客户做出某些选择的原因，从而确定客户试图满足的需求和期望，以及他们试图达成的结果。就音乐流媒体服务而言，企业可以使用影响数据进一步了解歌曲选择（在特定时间、地点和背景下）对个人听众的价值。在黑胶唱片、磁带或CD时代，这是一个纯粹的假设练习。实时资讯和通信技术从客户的角度出发，为企业提供了详尽的也是前所未有的对产品获得、产品使用和产品性能的洞察力。得益于这些持续的技术进步，其中一些技术仍处于起步阶段，企业可以经常从客户个人层面实时判断、量化和传达这些由技术发展带来的好处，然后设计和实施更有效的盈利模式。

影响数据导致细分市场规模缩减

“价值交付”最好以单数（单个客户）而不是复数（一群客户）进行。客户的个人影响数据使企业能够通过追求难以捉摸的“一人细分市场”来实现效率。这个术语并不新鲜，但是随着先进的信息技术的出现，“一人细分市场”不再是一个理论上的诉求——遥不可及，而是正在一步一步变为主流现实。

凯捷咨询公司（Capgemini）在2018年的一份报告中写道：“营销人员必须学会利用洞察驱动的个性化这一力量，并使用预测法或规范法来了解客户的需求和愿望。”[10] 福布斯描述了这可能是如何运作的：“从现在开始，零售商不会在受众行为相似的情况下使用宽泛的买方细分法。他们可以为每个用户创建详细的数字客户档案（DCP）和用户细分。基于机器学习的算法（决策树），以一定的概率向零售商展示买方是否会在建议的价格下执行所期望的行为，这就是零售业的未来：不是用价格战来争夺客户，而是争夺数据，利用数据使买方的体验尽可能地个性化和独特化。”[11]

商业正朝着这样一个独特的方向发展。它不再关乎研究许多客户的需求、愿望和行为，而是转变为研究单个客户的需求、愿望和行为。正如消费者研究先驱乔治·盖洛普不厌其烦地提到的：生活有无数种方式，每一种都值得研究。[12] 得益于今天的可拓展技术，影响数据终于得以应用于研究每个人的丰富生活细节。后续挑战将聚焦于如何建立行之有效的问责制，这意味着企业需要以一种可持续且互惠互利的方式，来培养企业和个人客户之间的关系。

合适的盈利模式是维系这种关系的关键。当企业知道客户（无论是个人还是企业）是否以及如何使用产品或服务，包括这种使用与实际性能间的关系时，企业就有机会实现意义重大的变革。它可以很容易地通过收取较小额的、更易于管理的经常性费用，为那些无法获得或负担不起对应产品或服务的客户提供获取渠道，这也意味着减少产品获得方面的浪费。并且，由于企业现在可以实时追踪并影响客户的使用情况，还可以减少产品使用方面的浪费。这是第一次在概念化和量化客户方面获得实际结果，这也同样帮助企业塑造了消除产品性能方面的浪费的盈利模式。

影响数据取代轶事和猜测

为同一个客户两次提供同样的产品，企业无法保证会看到相同的使用水平，甚至在同样的使用水平下，客户也不一定会获得同样的产品性能。区别在于“场景”，这是一个比“场合”或“事件”丰富得多的术语。“场景”是关于所有对产品获得、产品使用和产品性能方面，可能产生正面或负面影响的条件的最恰当描述。这些条件可以是外部的，如天气、时间和位置，也可以是内部的，如客户的心理状态、动机或当前的准备购买的程度。

企业现在能够实时地了解使用场景，并对客户做出相应的回应。车辆安全性就是一个很好的例子。世界卫生组织估计，交通事故每年造成 100 多万人死亡，约 5000 万人受伤。[13] 当车辆之间可以就交通、路况或其他危险进行沟通时，就可能有效地帮助司机避免事故发生。从个人角度来看，驾驶员可以从车里收到提示，告诉他们是否超速，以及他们可以采取哪些措施以降低风险。基于这一理念，瑞典保险公司 Folksam 为驾驶员提供了这样一种选择，其长远目标是“挽救生命，减少交通意外的数量”。Folksam 的激励措施包括为驾驶员提供保险费折扣（8 折）。[14] 美国前进保险公司（Progressive）所提供的单个设备或是车辆自身的车联网也提供了类似计划。

实时消费模式、个性化和丰富的场景数据的大规模而强有力的组合——为企业与客户一对一地建立和增强信任感提供了基础。这是当今技术变革的理想结果。本书认为，这种组合的力量不会因为新技术的出现而被削弱。但是，如果企业用不负责任的方式使用这种力量，那么这种组合就会演变为一杯鸩酒。

第 3 章　更精益的商业

想象一下，当人们看到诸如“令人震惊的真相：20% 的医疗支出在美国和其他国家被浪费了”这样的标题时，他们会感到多么沮丧。[1] 伯克希尔·哈撒韦公司（Berkshire Hathaway）董事长兼首席执行官沃伦·巴菲特（Warren Buffett）把“激增的医疗成本”比作“寄生在美国经济上的一条饥饿的绦虫”。[2]

在经济效率低下时，医疗行业的规模通常可以达到数万亿美元。这并非偶然，效率低下是一种流行病，它遍布全球经济的各个角落，给客户、企业、纳税人和政府带来了令人无法想象的成本。让我们以 3 个因拥有汽车而效率低下的数据点来举例说明：第一，汽车在 95% 的时间里都是停着的。第二，根据 Inrix 交通咨询公司的说法，2017 年美国高峰时段通勤造成的时间损失成本为 3050 亿美元。[3] 这意味着汽车占用空间的时间远远多于在道路上行驶的时间。[4] 第三，据麻省理工学院教授艾兰·班－约瑟（Eran Ben–Joseph）预估，美国有 8 亿个地面停车位，面积比整个康涅狄格州还大，大约是比利时面积的一半。[5] 在一些城市，停车位占据了市中心所有土地的三分之一。难怪麻省理工学院可感知城市实验室的前研究员迈克尔·塞尔（Michael Szell）将城市停车位称为“巨大的基础空间浪费”。简而言之，拥有汽车的运营成本和机会成本给社会带来了巨大负担，正如《华尔街日报》（*Wall Street Journal*）在 2017 年以“汽车所有权的终结”为标题的专题报道中详述的那样，公众正在权衡利弊。[6]

其次，约翰·沃纳梅克曾说过：“我知道我的广告费有一半被浪费掉了，但问题在于我不知道是哪一半。”自那以后，人们对广告业效率低下的看法就一直存在。时间快进到 2017 年，宝洁公司（Procter & Gamble）首席品牌官马克·普里查德（Marc Pritchard）的一份声明证实了沃纳梅克的猜想，至少在精神层面上证实了：“媒体供应链中至少有 20%~30% 的浪费，因为缺乏可视性、合同不透明、投入衡量不透明、欺诈，甚至是因为现在企业的广告可能会出现在不安全的地方。”[7]

让我们再想一想教育。仅就美国而言，政府及私人资本每年往教育行业注资 1.15 万亿美元。[8] 有一种关于教育行业的比喻是，钱就像“仙尘”，也就是说，在教育上投入越多，效果越好。美国国家公共广播电台（NPR）则对“成功”和教育成果的定义提出了一些批判性问题：成功是否意味着更好的考试成绩？是否意味着更高的毕业率？是否意味着毕业后能有更高的收入或其他的“生活成就”？[9] 在2018年出版的《反对教育的理由：为什么教育系统是在浪费时间和金钱》（*The Case against Education: Why the Education System Is a Waste of Time and Money*）一书中，乔治梅森大学的经济学教授布莱恩·卡普兰（Bryan Caplan）主张大幅削减教育支出，以阻止由成绩和证书带动的，而不是实用技能带动的“浪费资源的恶性竞争”。卡普兰还建议更多地重视职业培训，因为“教实践技能比教学生如何超越他们的同侪更有社会价值”。[10]

钻头还是钻孔？

这种浪费泛滥得归咎于商业的本质。一方面，客户寻求能够满足他们的需求和愿望的卖方，反过来，卖方亦希望通过向市场提供可能的解决方案来获得收入——并希望获得利润。虽然这促成了双方之间的交易，但他们的利益出发点不一定是一致的。卖方企业获得收入的方式，通常与客户获得满意度的方式不匹配。

客户购买商品、工具、组件或仪器的目的并不是拥有它们，但大多数制造商通常是给这些产品贴上价格标签。例如，虽然客户想要的是足不出户就能换来干净衣服的便利，但干净和便利无法被直接购买，客户只能购买洗衣机和洗衣液以满足自己的要求。同样地，客户并不想购买专业人士在某任务或某项目上花费的时间，而是希望买到结果，无论是完整准确的纳税申报表还是漏水水槽的保修服务。然而，即使结果不确定或从未完全实现，专业服务公司和商家仍坚持按时间计费。

低效的盈利模式是大多数行业的常态，而不是特例。再深入研究一下的话，这种低效率最终表现为 3 种形式：产品获得、产品使用和产品性能。这 3 种形式或浪费的来源是按顺序关联的，因为它们代表了客户在交易中获取价值的检查点：客户想要解决方案，而解决方案只有在它们可以被获得、被使用以及按期望表现时才会产生价值。

首先，由于财务或物理限制，产品获得浪费无异于宣告“客户得不到它”。财务限制存在于这些场景之中，例如，企业缺乏购买一件设备或机器所需的资金，或者个人无法负担一笔大额开支（一辆车）或很多笔较小额的开支（音乐、收藏品或衣橱）。物理限制存在于产品或服务的获得或补充不方便（费力、耗时等）时。与此同时，客户可能不仅难以找到一个具体的解决方案，而且也很难摆脱现状。如果客户的偏好随着时间的推移而改变，企业就会陷入困境，而应对这种情况的费用投入可能会很高昂。其次，产品使用浪费相当于“客户不使用或无法使用”。常见的情况包括要求客户购买超过他们实际所需的产品或服务数量，或是单个资产未得到充分利用。客户可能会买到大部分时间处于闲置状态的昂贵资产；也可能是客户正要使用该产品或服务时，它却不能正常工作。最后，当产品或服务没有提供客户所期望的价值时，就会发生产品性能浪费。客户虽可以获得并使用该产品或服务，但最终的结果却令人失望。

营销大师西奥多·莱维特（Theodore Levitt）暗示了卖方和客户之间的这种错位，他有一句名言："人们不想买四分之一英寸的钻头，他们想要四分之一英寸的钻孔。"[11] 这是一个强调将产品或服务的所有权从企业转移给客户的盈利模式，它提出了一种假设——购买（钻头）所花费的金额和实现的预期结果（墙上的钻孔）之间有直接、紧密的联系。这个假设在公共部门也成立。它推动了这样一种观点，即更高的教师工资和更好的设施可以改善教育，对警察的更多投资令城市更安全，更多的医疗支出使社会更健康，对基础设施的更是投资使城市或地区变得更具吸引力和经济上可行。然而，更多的支出并不一定会直接或间接地使客户更满意。产品所有权本身并不能保证产品的获得，也不保证产品的使用，当然也不能保证产品的性能。事实上，产品所有权对客户来说可能是一种阻碍，它有可能阻止一些客户进入市场，也可能使得另一部分的客户面临不必要的风险。

在20世纪60年代中期一篇经常被引用的文章中，彼得·德鲁克描述了这个问题，以及为解决这个问题而做出的尴尬妥协："客户极少购买企业试图销售的东西。"然而，这段话的其余部分更有启发性，也更重要，有助于理解出售产品所有权为何会是低效的："其中一个原因当然是，没有人付钱是为了买到一个'产品'，人们付钱买的其实是一种满足感。但是，没有人能够制造和供应满意感——充其量，企业只是销售或提供帮助客户获得满意感的手段。"[12]

客户以为他们是为满足感（干净的衣服、墙上的洞等）而付费，但实际上他们是在为洗衣机、钻机，以及企业所提供的这些产品会正常运作的承诺买单。买家想要的是满足感，但卖家既不能直接交付满足感，也不能直接收取出售满足感的费用。

精益商业：迈向更好衡量指标的趋势

企业是时候接受这样的观点了：我们在许多经济领域观察到的大量低效现象，都是不当激励的直接结果。因此，努力缩小企业赚取收入方式和客户获取价值方式之间的差距，以减少浪费，甚至消除浪费，这就是我们所说的精益商业。也就是说，企业和客户之间的一致性越强，商业就会变得越精益（高效）。

得益于我们在第 2 章中描述的技术突破，企业现在有一系列的盈利模式可供挑选，以推动精益商业变革。比起简单地出售所有权，企业可以做得更好。同样地，客户也可以做得更好，而不是简单地被动接受企业所提供的产品或服务，并期望能获得最好的结果。具体而言，从产品所有权模式中移除一个步骤，便是我们所说的能解决产品获得浪费、财务限制和物理限制问题的产品获得模式。它通过将可能繁重或难以完成的购买分解为定期支出来解决获取浪费问题，并确保在与客户的这段持续关系期间，客户可以获得并使用相关产品或服务。越来越受欢迎的订阅和会员方案显然属于这一类模式。本书将在第 4 章更详细地讨论产品获得模式。

其次，产品使用模式通过允许客户只在使用产品或服务时付费，来解决产品获得和产品使用浪费的问题。弹性消费来自产品或服务的拆分、计量单个客户的使用情况，或允许产品所有者与其他人分享未充分利用的资产，如汽车、衣服或住宅。本书将在第 5 章集中讨论这三种选项。

最后，产品性能模式能够解决产品获得、产品使用和产品性能浪费的问题，因为客户实际是根据期望结果的达成度付费。当然，最终结果依然是产品价值。当企业以客户从购买中获得的实际满意度作为衡量收入的标准时，商业便处于最精益的状态。然而，这些模式的概念和实施将面临一些挑战。本书将在第 6 章中展示几个成功案例，并在本书的第三部分详细阐述这些挑战。

精益商业的好处 / 优势

当企业选择一种能够纠正本书所描述的错配的盈利模式

时，它们通过降低购买门槛以及逐步承担与客户交易中固有的风险，来提高客户的支付意愿，吸引更多的客户。而且，因为企业创造的价值与客户支付的价格更匹配，它们也能从创新和差异化方面的投资中获得更多收益。那些为“目的”（或是衡量目的的指标）而不是“手段”付费的客户，不太容易受到购买到低成本、低质量产品的风险影响。他们把钱花在企业给出的证明，而不是给出的承诺上。然而，只有当企业对这些盈利模式负责时，这些模式才会带来相应的好处。实现和保持这种水平的问责制需要一个长期的过程，不能一蹴而就。

医疗行业已经开始采取正确的做法。经济合作与发展组织（OECD）发起的一项研究得出了这样的结论：如果 20% 的医疗支出确实被浪费了，那么从提高利用率中获得的潜在收益将会是惊人的。该组织认为，正确认识到这种浪费的程度，是让所有利益相关者参与并改变其行为的第一步。[13] 发表在《哈佛商业评论》上的一篇文章，直截了当地指出了接下来理应发生的事情：“围绕提供健康服务而不是提供医疗服务来进行重构，才能够节约成本。”[14] 换句话说，解决医疗系统这种严重效率低下问题的最终办法是关注结果，而不是关注实现结果的手段。

致力于关注结果不仅可以通过减少浪费来造福社会，而且还会为踏上这一旅程的企业带来巨大的益处。在医疗领域，

“赢家，将会是那些通过更好地获取和分析临床数据，（以及）通过更深入地了解如何改善结果，来建立可持续竞争优势的企业。”波士顿咨询公司（Boston Consulting Group）如此总结道。[15] 在同一份报告中，波士顿咨询公司总结了供应商们因忽视关注结果而可能面临的后果：“那些无法证明其程序、药物和产品真正带来了价值的医院、制药公司和设备制造商将受到影响。”[16]

投资这些解决方案的企业和机构不一定是现有的供应商。2018 年 1 月，亚马逊、摩根大通和伯克希尔·哈撒韦宣布了一项雄心勃勃的长期努力计划，以解决医疗成本问题。沃伦·巴菲特和亚马逊首席执行官杰夫·贝索斯（Jeff Bezos）在总结他们所面临的挑战时都使用了“结果”这个词。巴菲特说：“我们都相信，将我们共同的资源投到这个国家最优秀的人才手中，就可以及时遏制医疗成本的上升，同时提升病人的满意度和医疗成果。”[17] 贝索斯指出：“尽管实现期望的目标很难，但付出的努力是值得的：减轻医疗服务对经济所造成的负担的同时，也将获得改善企业员工及其家庭这样的结果。”

对精益商业的追求已经开始。这将永远改变整个市场和社会的本质。那些基于结果建立盈利模式并对其负责的企业，正在准备帮助减少或消除来自世界各地的数十亿甚至数万亿美元的经济浪费。而由此产生的社会和生态后果，我们只能开始想象。

THE ENDS GAME

第二部分

模　式

How Smart Companies Stop Selling Products and Start Delivering Value

第 4 章　产品获得模式：剃须刀、音乐、时尚行业的订阅服务

当宝洁公司宣布将以 570 亿美元收购剃须及个人护理巨头吉列（Gillette）时，沃伦·巴菲特简直无法掩饰自己的兴奋。“这是一笔梦寐以求的交易。”他在 2005 年 1 月的那一天宣称：“（这将）创造出世界上最伟大的消费品公司。”[1]

在当时，欣赏巴菲特的热情是一件很容易的事。吉列剃须刀和刀片业务模式看似很简单，用 8 个字就可以概述其精髓——“增加功能，提高价格”。[2]这种模式创造了一种“看似坚不可摧的高利润收入流”，据估计，吉列的全球市场份额已达到了 50%。[3]在描述合并后的业务对消费者和零售商的潜在影响力时，一位分析师如此说道：“货架空间就像镶钻的黄金。这是面向消费者的展览会，每个商家都希望能接触到消费者。”[4]

剃须刀和刀片是互补品，所以它们的价格始终围绕一个维度波动：组合价值。为了不辜负“男人的最佳选择”这一口号，吉列认识到，要反映产品创新所创造的价值，唯一的方法就是在这方面提高价格。《金融时报》（*Financial Times*）2013 年 7 月的一篇报道称，自 1990 年以来，吉列刀片盒的价格经通货膨胀因素调整后同比增长了 236%，或者说在过去 23 年的时间里每年上涨约 5.5%。[5] 这种模式的实施虽然引起了客户的不满，但他们别无选择，只能“去商店，让售货员打开‘有机玻璃堡垒’（展示柜），然后为一小包刀片支付超出合理范围的费用”。[6]

被宝洁收购 5 年后，吉列在推出其最新创新产品——锋隐无感（Fusion ProGlide）剃须系列时，遇到了《广告时代》（*AdAge*）所说的“严峻考验”。[7] 在 2008 年大衰退之后的艰难经济时期，吉列久经考验的“以旧换新模式”还能带来强劲的财务业绩吗？根据《广告时代》的报道，更换锋隐无感系列刀片的成本将比之前的型号高出 10%~15%。这一价格上涨与吉列升级锋速 3（Mach3）系统时的价格上涨类似。[8]

无论是《广告时代》的记者还是市场上的任何人，都没有意识到吉列将面临的严峻终极考验与锋速系列产品无关。恰恰相反的是，这与几个月后在某个假日鸡尾酒会上的看似无关紧要的讨论有关。参与聚会的一位宾客马克·莱文（Mark Levine）的仓库里有一堆未售出的多余剃须刀片，而另一位来宾——青年企业家迈克尔·杜宾（Michael Dubin）听到这个消息后，随即想起了吉列产品给他带来的持续的挫败感。随后莱文和杜宾的讨论引发了一个思考：如果一家企业能以合理的价格将刀片邮寄给客户，男人们会喜欢这种便利吗？[9] 莱文和杜宾认为他们自己肯定会喜欢。

于是“美元剃须俱乐部”（DSC）诞生了。加入这个俱乐部的男人，再也不用花高价购买锁在零售商的“有机玻璃堡垒”里的剃须刀片。如今，只需要每月花费几美元，就能让替换剃须刀片每月定期被送上门。这个订阅模式所提供的订购过程，被形容为几乎不费吹灰之力，而且产品价格仅仅是吉列所收取费用的一小部分，并且产品质量“足够好”。于是，这个模式生效了。

基于侵略式和病毒式的广告宣传，且有意识地将品牌建设和可支付价格相结合，DSC 吸引风投的速度几乎与吸引订阅会员的速度一样快。到了 2015 年，这家曾经的初创公司已经积累了 400 多万名用户，拥有 600 多名员工。这家公司很快就占据了线上剃须刀片的一半市场，2015 年，其营收约 1.5 亿美元，2016 年的营收目标是 2 亿美元。[10] 与此同时，吉列在整个男性剃须刀市场的份额已经连续 6 年下降，从 2010 年的超过 70% 降至 2016 年的 54%。[11]

在 DSC 上市一年后，企业家杰夫·雷德（Jeff Raider）和安迪·卡兹 – 梅菲尔德（Andy Katz–Mayfield）推出了一款与

DSC 竞争的剃须刀和刀片订阅服务，名为 Harry's。直到今天，在 Harry's 官网上仍可查到他们创立这个品牌的理由。它反映了同样的被压抑的失望，也同时启发了杜宾和莱文："杰夫和安迪创建了 Harry's，因为他们厌倦了花高价购买过度设计的剃须刀，也厌倦了在杂货店里站着等人打开柜子才能买到剃须刀。当他们向周围的人询问时，了解到许多人也同样对这种情况感到不悦，所以他们决定做点什么。"[12]

雷德在 2014 年的一次采访中暗示，分析师关于男性剃须和个人护理行业"低迷且受挫"的报道是具有误导性的。"它没有受挫，而是在发展，"他说，"它在朝着一个对我们很好的方向发展。"[13] 与此同时，市场也在朝着有利于 DSC 的方向发展。

2016 年夏天，杜宾签署了出售他和莱文 4 年前共同创建的这个成功模式的相关文件。[14] 宝洁的主要竞争对手——消费品巨头联合利华（Unilever），以约 10 亿美元的价格击败了几家私募股权公司，收购了 DSC。[15] 对任何一位企业家来说，这样的交易都意味着一个圆满的结局。但 DSC 对行业带来的破坏性影响并没有结束。巴克莱银行（Barclays）的一位分析师在评论联合利华的收购时指出："这是一个大胆的宣战，表明渠道和商业模式已经上升到比产品技术和质量还要重要的地位。"[16]

本着"价值交付"的精神，我们需要思考：吉列为刀片套件定价的决定是否最终耗尽了其为企业创造收入的能力？

各种各样的产品获得浪费

DSC 和 Harry's 等企业引入的盈利模式解决了我们所谓的产品获得浪费。当客户无法轻易获得实现理想结果所需的手段，或在结果不再有价值而将其处理掉时，就会发生这种浪费。

一方面，产品获得浪费可以追溯到购买过程中的物理问题，如缺货或不便。缺货是客户购买规划不足或是储存条件有限的后果。人们都会因产品在最需要用的时候却用完了而感到失望。时间太长，路程太远，或需要完成的步骤太多，都会带来不便。想想看：如果人们的家里或整栋楼里都没有洗衣机，会发生什么？为了获得干净衣服这一预期效果，他们被迫投入时间而不是投入金钱，把一篮子脏衣服放在车里或夹在腋下，去洗衣店，把钞票换成一把零钱或代币，把钱花在购买洗涤剂、洗衣服、烘干衣服上，还要待在店里直到最后一件衣服干了为止。因此，采用变通方法来消除此类问题是有必要的，特别是当人们不知道它们的真实成本时。

另一个可能不太明显的与产品获得相关的物理问题，是闲置资产的不必要积累。这是努力获得产品或服务的另一种情形。有时，客户希望通过丢弃他们有但不再使用的东西来“失去”获得权。但这并不总是容易做到的，尤其是当资产相对昂贵时，比如一辆车或一件好衣服。闲置资产的积累问题已经变得非常严重，要知道，人们现在每年要在自助寄存设施上花费 380 亿美元来储存他们拥有但却不需要的东西。[17]

另一方面，产品获得浪费也可以追溯到财务问题。例如，企业可能缺乏资金来购买诸如车队车辆、生产机器或一套工具之类的产品。同样，无论是通过全款或是分期付款，个人可能始终负担不起一辆车或一个大型家用电器。当 B2B 和 B2C 的客户降低了质量要求时，他们都面临着结果无法达到预期的风险，所以他们需要找到一个变通办法，要么推迟购买，要么放弃购买。就汽车而言，制造商将很难仅通过降低购买价格，来增加其产品的可获得性。虽然这可能在短期内带来更多的客户，但这些举措——无论是促销性的还是永久性的——都可能给汽车制造商带来可怕的财务后果。[18] 一些有财力买车的客户可能会寻找其他交通方式，因为他们觉得买车是对他们资源的不当配置。他们可能会认为，使用公共交通工具、出租车、拼车或其他方式，比拥有一件平均而言在其使用寿命的大部分时间里都闲置着的东西要好。

当盈利模型阻止客户实现他们想要的各种消费时，就会出现与产品获得相关的第二个财务问题。正如第 3 章中所展示的那样，音乐录制的历史再次提供了一个很好的例证。在数字时代之前，客户能获得并随时听想听的音乐的唯一途径，是建立一个实体产品库。于是对许多人来说，听音乐就变成了一件非常奢侈的事情，尤其是在 20 世纪末，客户需要购买一张完整的 CD 才能获得他们真正想要的一首、两首或三首歌曲。有一种变通方法可以解决该产品获得的问题——非法盗版，无论是以私人的、小规模的方式混合磁带和翻录 CD，还是在纳普斯特（Napster）等服务平台上大规模地免费交换音乐文件。

目前，音乐行业通过广受欢迎的流媒体服务模式解决了这个问题，允许听众无论在哪里都可以无限制地访问虚拟音乐库，这意味着解决了物理和财务方面的效率低下的问题。值得注意的是，该解决方案是逐步推进的，首先是改善了物理获得音乐的方式。1997 年，Capitol Records 推出了首支数字单曲 [如杜兰杜兰（Duran Duran）的《电动芭芭拉》（*Electric Barbarella*）]，并以网络下载的形式出售，这是最早通过将音乐线上化以改善物理获得的举措之一。他们内部数字团队的提议被证明是非常有先见之明的，且强调了数字音乐可以减少获得浪费："有一群喜欢音乐的人，但他们没法前往音像店。这可能只是因为他们的生活方式不允许他们这么做，或者是一天的时间有限，没有充裕的时间让他们这么做。但这群人会在网上购物，因此，音乐行业应该试图找到与他们产生联系的方式……因为网络商店是线上的，全天候开放的，全球性的。在数字分销的前提下，数字产品永远不会缺货。"[19]

20 多年后，流媒体服务不仅站稳了脚跟，还点燃了音乐行业的复苏之火。2016 年，高盛（Goldman Sachs）的一份报告称，这种新的创收模式是“一个巨大的游戏规则改变者……它为唱片公司建立了一个更可持续的业务模式”。[20] 音乐行业的收入增长和整体财务实力的显著改善，也佐证着这一预测的应验。截至 2019 年初，Spotify 报告称其音乐服务已拥有 9600 万付费订阅用户，同比增长 36%。[21] 根据国际唱片业联盟的数据，截至 2018 年底，全球有 2.55 亿人在使用音乐流媒体，为音乐录制行业贡献高达 47% 的收入占比。独立音乐供应商也从中受益。华纳音乐集团（Warner Music Group）公布了 2018 财年的创纪录营收，并表示：“这是了不起的一年，在作为一家独立公司的 15 年历史中，我们的营收首次超过 40 亿美元。”[22] 流媒体服务已变得如此普遍，以至于苹果（Apple）公司在 2019 年 6 月决定对其一度具有开创性的 iTunes 服务进行重新配置。这项计划自 2001 年起，曾为乐迷提供了合法、大规模地获取个人可下载歌曲的途径。但 2018 年后，它的功能分布在苹果音乐、播客和电视等独立应用程序中。[23]

继续剃须刀游戏

联合利华收购 DSC 之后发生的事情表明，DSC 在吉列的增长道路上不只是一条简单的减速带。通过引入一种新颖的、更精益的客户交易形式，这些初创公司永久地改变了拥有几十年历史的行业发展轨迹，而新的发展轨迹仍在成型中。

2017 年 4 月，吉列采取了行动以“阻止男士剃须刀业务向市场新进入者屈服”。

首先，吉列降低了价格。在“您的声音，我们听见了”的标题下，吉列网站解释了这些变化：“您说，我们的刀片可能太贵了，我们听见了。现在，您会发现，在美国，大部分的吉列刀片和剃须刀，价格更低，并拥有一如既往的好质量。”

其次，虽然是 DSC 和 Harry’s 开创的先河，但意识到未来业务的重要性后，吉列引进了一种新的（对它们来说）与客户交易的形式——吉列“无微不至”（Gillette On Demand）订阅计划。它提供了一些易于使用的改进以及更实惠的价格。[24] 吉列“无微不至”订阅计划网站的外观和给人的感觉，也与行业颠覆者（DSC 和 Harry’s）有不少相似之处。[25] 客户得以对如何选择产品“完全负责：客户可以选择中意的剃须刀，以及接收替换刀片的频率，使吉列的剃须刀完全灵活地满足客户的个人需求”。[26]

吉列对“订阅的麻烦”一词的利用很有趣。它表明了一种可能性，采用将企业和客户之间交易的重点，从产品所有权转移到产品获得的盈利模式，仅仅是第一步。在作者撰写本书时，订阅仍是一个热门话题。但它们也只是“价值交付”精神下许多潜在举措中的第一步。目前的 DSC 模式，通过绕过零售商店的“有机玻璃堡垒”来改善产品可获得性。订阅模式的便利性意味着，客户根本不用去超市找到产品的固定售卖区域。这也意味着消费可能会增加，因为消费者不再面临供应不足的风险。DSC 明确地认识到并强调了这种便利性如何消除产品获得浪费。它表示，只要客户需要，它就会运送用以补充产品库存的包裹，这样“客户就不会缺乏任何看起来、闻起来和感觉起来良好的东西”。

但这些变化可能只是一个过渡阶段，随着剃须刀企业对客户的行为有了更多了解，它们将更能准确理解剃须对预期结果贡献的价值，我们可以称之为“看起来很好，感觉起来很好”。正如本书在第 2 章中所讨论的，造成这种差异的是信息技术和客户影响数据。DSC 这种直接面向客户的模式，通过在一个特定社区内获得丰富、直接的客户数据，帮助每个企业完成以客户为中心的循环。套用本章开头引用的一位分析师的话来说，获取影响数据就像今天的“镶了钻的黄金”。企业和客户之间的数据双向流动已经取代了“曝光”，并成为每个企业追求的目标。这些数据在剃须刀领域尤为重要，因为消费频率和对剃须刀质量的感知是因人而异的。

联合利华收购 DSC 时，两家企业都强调了初创公司“与其多元化、高度参与的消费者有着令人难以置信的深厚联系”，以及“独特的消费者和数据洞察力”。[27]DSC 目前的沟通策略正是利用这个机会来了解客户需求，以及这些需求如何在个人购买行为中表现出来。这些需求可能会随着时间的推移而改变：“告诉我们一些关于您想要的产品信息，我们将向您寄送试用装，以此邀您共同探索 DSC 的神奇领域。两周后，我们会再寄给您一个内含补充品的包裹，里面是已进行价格折扣的原装产品。您对配送时间、添加和移除任何产品、补充包裹的频率都具有完全的决定权！全过程的操作也非常简单。”[28]

与此同时，吉列正继续从客户那里收集、探索和学习相关的信息。吉列创新中心（Gillette Innovation Centre）首席科学家克里斯蒂娜·瓦努修兹（Kristina Vanoostuyze）表示，没有任何两个男人或女人剃须的方式是完全相同的。她详细解释了这种差异："有些人刮 30 下，有些人刮 700 下。有些人只花 30 秒，有些人则需要花 30 分钟。”[29] 这些知识可以使我们识别更细致入微的盈利模式，而这种盈利模式可以提供的价值，吉列这样的企业已经证明了。

XaaS 的世界

本章中描述的所有产品获得模式的共同点是，企业的收入和时间是有关联性的。例如，剃须俱乐部的模式是以周期性（月度）购买为基础的，尽管其也在网站上标注了完整的产品定价，像是刀片盒、剃须刀或组合包。乍一看，这并不是什么新鲜事，几十年来，人们一直在订阅报纸、杂志、有线电视等产品或服务。再比如人们支付的租金，其背后是地产商等企业长期以来，一直通过提供分期付款计划来掩盖其产品所有权模式。但是最近的一系列技术变化——与监测、预测、物流、支付等环节相关——允许产品获得模式在经济的大部分领域扩散。今天的组织可以降低进入市场的门槛，只要把几乎所有的商品都变成便利的“服务”。

欢迎来到 XaaS 的世界——这可能会让人想起几十年前一些令人难忘的科幻小说的标题。事实上，首字母缩略词 XaaS 是“一切即服务”的缩写，这意味着任何基于实体（X）所有权转移的交易，都可以想象为被提供定期获得该产品的交易取代。XaaS 已成为软件和科技行业的主流盈利模式，而诸如将软件 CD 包装在纸盒内，进行永久许可证交易（早期的 Adobe 产品）的模式已经过时。波士顿咨询公司援引对硬件和软件购买者的广泛调研指出，XaaS 模型“在科技领域变得如此普遍和令人向往，以至于类似云的定价方式，现在已成为其自身的购买标准。77% 的接受调研的对象表示，如果他们现在的供应商无法提供 XaaS 模式，他们将重新分配部分支出或考虑完全更换供应商”。[30]

标准而基于时间的 XaaS 模型在几个方面有效地促进了产品获得。首先，XaaS 模型创造了更多独立的购买和支持选择，包括为客户提供升级和培训。其次，XaaS 模型减少了客户的财务负担，尤其是那些中小企业客户，因为它们无须为永久产品所有许可证支付大笔预付款。基于云计算的软件巨头赛富时（salesforce.com），正是通过吸引那些不愿购买本地解决方案（运行在用户或组织所在经营场所计算机中的软件）的客户，成功将业务扩展到中小型企业领域。[31] 最后，XaaS 模型可以将搜索和管理成本降低到几乎为零。消息传递平台 Slack 的一位高管在描述他使用亚马逊网络服务（AWS）的经历时，捕捉到了这种（市场）情绪。AWS 为个人、企业和政府提供了按需使用的云计算平台："传统 IT 需要数周或数月的时间增加硬盘容量，来应付硬件运算时间。使用 AWS，我们可以每周或每天查看用户指标，并在 30 秒内对新容量做出反应。"[32]

XaaS 模型还可以将整个价值链连接在一起，这一现象在 21 世纪初还并不存在。如今，每当提到订阅模式时，人们很快就会提到网飞（Netflix）。但在 2007 年，Netflix 还只是 DVD 租赁市场上一个规模较小但不断成长的小玩家而已，市场份额仅为 12%，营收还不到 10 亿美元。而后，它推出了被首席执行官里德·哈斯廷斯（Reed Hastings）称为"第二条产品线"的在线电影租赁服务，该服务不要求客户订购、下载、存储或记得归还电影或节目。[33] 最终，为了向用户提供流媒体服务，Netflix 自己购置了另一种订阅服务：通过订阅亚马逊云服务 AWS 来访问云服务器，以便"在几分钟内快速部署数千台服务器和 TB（万亿字节）级存储量"。[34]

享不尽的壁橱、车库和派对

鸡尾酒会礼服和晚礼服比汽车更常被"闲置"。它们有可取的和有价值的用途，但大部分时候是昂贵的而且很少被人们穿上，在一些情况下甚至只被穿一次。“你不必通过买下它……而拥有它”，这是 Rent the Runway（一个知名的电子商务平台）的品牌口号。其价值主张是，通过量身定制以减少设计师服装市场和配饰市场的获得浪费。该公司致力于提供“时尚自由、更智能的衣橱、整体衣橱灵活性和更少的服装足迹”，而其价格仅为一件名牌礼服成本的一小部分。[35] 该公司的联合创始人兼首席执行官詹妮弗·海曼（Jennifer Hyman）表示:“我们的目标实际上是打造租赁方面的亚马逊 Prime 服务。”在 2019 年 3 月完成的一轮融资中，Rent the Runway 的估值被定为 10 亿美元。[36]

Rent the Runway 允许女性在线选择衣服，包括通过之前用户发布的照片来查看衣服的样子。客户可以选择一次性租赁或以每月 69 美元的价格订阅基本服务，一次最多可获得 4 件衣服，内含免费保险、干洗和快递服务。且其优势不仅仅在于能以更低的价格获得来自至少 350 位设计师提供的精美服饰和配饰，而是女性可以通过定制化的风格提示和礼宾服务，获得搭配和造型方面的帮助。[37]

然而，剃须刀、音乐、时尚和其他行业不同盈利模式的颠覆性影响并不能保证成功。2017 年 3 月，通用汽车推出了“凯迪拉克订阅服务”（Book by Cadillac），以测试 Netflix 模式在豪华车领域的可行性。只需每月支付 1500 美元，会员每年可以驾驶凯迪拉克的 10 种类型汽车，次数为最多 18 次，而无须重复收取额外费用。[38] 与传统模式下用户购买了一辆车相比，订阅会员获得了车辆的临时“所有权”，以及根据个人需求使用和交易车辆的许可证，这对同一个人或同一个家庭来说可能有很大差异。在应对周末开着车悠闲地兜风、去机场接朋友或家人、运送大件物品、在拥挤的城市赶着去开会等需求时，不同外形、大小和性能水平的车辆可以更好地满足人们的需要。包括沃尔沃、宝马、奔驰、奥迪和保时捷在内的其他几个汽车品牌也推出了类似的订阅服务。[39]

然而，2018 年 12 月，凯迪拉克暂时关闭了这项服务，原因在于运营该项目的一些成本亟待进一步梳理——即使其仅在 3 个城市进行小规模运营。这些成本包括维修受损汽车、在两次使用之间进行清洁并在 24 小时内交付的物流成本，以及使某些客户服务功能变得乏味和耗时的后端技术问题。[40]

人们常不合时宜地用完的另一种产品是酒。当人们在橱柜里发现一个空酒瓶时，更换它会触发与更换剃须刀片类似的耗时且令人不快的过程。法国烈酒公司保乐力加（Pernod Ricard）在开发 Opn（一种提供鸡尾酒的家庭娱乐系统）时，也开始思考如何解决这一痛点。

Opn 解决了人们在计划举办派对，或在漫长的一天结束后想要喝点调酒时，面临的一系列产品获得问题。它可以以智能而便利的方式，供应正确数量的烈酒，给出关于酒的建议和鸡尾酒配方，提供烈酒补充品等。该系统的设计也具有一定的吸引力。Opn 不是柜台或酒吧里五花八门的瓶瓶罐罐，而是由形状类似于书籍的容器组成的系统。它因此得名“酒库”，即位于一个将“书”集成到移动App以及中央数据库的扩展坞上。容器的形状是收集影响数据的关键因素。每本“书”都存储不同类型的酒精，扩展坞会跟踪并报告每本“书”的剩余量，就像汽车的车联网告诉驾驶员各种液体（汽油、水、雨刮液）的液位和气压一样。扩展坞和配套软件还会分析相关数据，以确定是否订购，何时订购补充品，以及用剩余的酒精还能制作出多少饮品。

保乐力加曾在新闻稿中这样描述该系统：“从帮助整理购物清单，到无缝衔接在线订购烈酒，并保证将它们送达您的家门口，通过创建社交日历和提供关于托管艺术的灵感，Opn将简化和改善您在家组织活动的方式，并帮助您以最流畅的方式准备您最喜欢的鸡尾酒。”[41] 该系统的四大核心组成要素包括容器、扩展坞、App和网站。一篇评论提到了这些功能的吸引力，并指出托盘或扩展坞“能够跟踪剩余的液体水平，并通过App（或网站），通知Opn系统有关新订单的消息，以及基于可用的酒精调整鸡尾酒调配推荐”。[42]

在引言和第3章中，我们解释了消除浪费是一个累积的过程。除非客户可以从一开始就获得产品或服务，否则企业无法解决产品使用浪费的问题。然而，总有客户——无论是企业还是个人——不能保证，使用率是其拥有该产品的合理理由。第5章中的几个案例将描述这个问题的解决方案。我们将本着“价值交付”的精神，研究产品使用浪费、其原因以及消除它的方法。

第 5 章　产品使用模式：飞行保险、洗碗机和汽车轮胎的实时消费

在 2016 年美国联盟冠军赛的第三场比赛中，特雷弗·鲍尔（Trevor Bauer），一名 25 岁的克利夫兰印第安人棒球队队员，一直竭力掩饰受伤的右手。但在仅仅投出 21 个球后，电视摄像机便不再需要通过放大来揭示他受伤的证据了。大滴大滴的血从鲍尔的小指上滴下来，随后球队教练将其从比赛中换下。[1]

鲍尔在大学里学的是机械工程，可能有人会因此将他描述为怪人和书呆子，而他的确对自己的受伤给出了一个相当奇特的解释。[2] 在他的球队最终赢得那场比赛的几天前，鲍尔的手指划伤了，需要去急诊室。虽然就诊后他的伤口接受了缝合，但由于无法承受抓球和扔球的压力，比赛中伤口再度崩裂。而鲍尔之所以受伤，并不是因为在做一些平凡的事

件，比如在厨房里切蔬菜或用剪刀打开粉丝寄来的信。当时他正在修理自己的一架无人飞行机器，这种机器一般被称作无人机。

市场正在慢慢认识到无人机所蕴含的巨大潜力和风险。这种风险使得保险成为影响无人机和无人机驱动的服务需求增长速度的一个重要因素。即使是供业余爱好者使用的无人机，其高速旋翼在机器运作时也会对人体造成相当大的伤害，鲍尔深知这一点。批评者和悲观主义者认为，无人机可能会撞到电线，损坏建筑物，与飞机相撞，并造成各种其他附带损害。2018 年底和 2019 年初，在伦敦几个重要机场发生的两起事故也揭示了无人机可能造成的破坏。首先，目击到无人机的报告迫使盖特威克机场暂时关闭，导致航班取消，影响了数千名乘客的出行。两周后，又有人目击了另一架无人机，当局只好短暂地关闭了希思罗机场。在这之后，英国《金融时报》发出追问：机场是否能保证自己能安全地远离无人机。[3]

在此背景下，保险公司面临的挑战是，如何有效地理解和承保与无人机相关的风险。也就是说，保险公司需要以不妨碍企业或个人随意使用他们的机器的方式提供保险。Flock 是一家总部恰好也位于英国的初创公司，Flock 认为，它可以提供既适合商用无人机操作人员，也适合鲍尔这样的无人机业余爱好者的解决方案。它与德国保险巨头安联（Allianz）合作，作为其承销合作伙伴，提供名为 Flock Cover 的“按飞行付费的产品”。

按飞行付费保险与传统保险的不同之处，在于 Flock 提供服务的方式以及它管理风险的方式。从技术层面讲，Flock 为无人机飞行提供“实时短期时间保险”。操作人员将他们的飞行计划的相关信息输入一个 App 中（例如想要放飞无人机的地点和时间），该 App 就会显示诸如局部天气状况、地面危险情况和受限空域等数据。[4] 为了确定与风险相关的价格，以便为特定飞行提供保险，Flock 使用一种可以计算和汇总风险水平的算法——通过使用额外的第三方信息，包括附近的飞机、当地地形（例如是否靠近教堂、医院和学校）、道路和它们当前的交通水平等。同时，该 App 还会监测无人机本身，为无人机建立唯一的风险档案。[5]

Flock 的故事核心是关于盈利模式的改变——如何使商业活动更高效，如何拓展客户群，如何提高客户的付费意愿。Flock Cover 使操作人员能够在更多（不同）情况下操作无人机飞行，协助其更快地做出最优的决策。对于保险提供商来说，这代表着以更低的成本吸引到更多的客户。更进一步说，这为保险提供商们提供了一个便捷地进入新市场的方式，并能为快速增长做出贡献。

与传统保单相比，这种“实时短期时间保险”可大幅度提升效率。传统保单的费率主要是基于历史数据评估的风险汇集，而不是针对任何当下的飞行情况。Flock 首席执行官埃德·莱昂·克林格（Ed Leon Klinger）在一篇博客文章中指出：

“保险公司更难以量化这些（汇集）风险——毕竟，保险公司看不见操作人员对无人机的实际操作，而且该行业相对较新（所以没有太多历史数据可供评估）。”因此，克林格写道：“无人机操作人员的保险费价格高得离谱（且往往是强制性的），可能比无人机本身还要贵。”[6]Flock 提供在飞行期间为期一天的保单，最近还推出了灵活的月度保单，可“随时随地”承保。[7]

在“飞行越安全，保险越便宜”的口号下，Flock 声称，通过使用该 App 优化飞行计划，操作人员每趟飞行可以节省 15% 的保费。这 15% 代表一个操作人员的首次报价和最后的风险相关报价之间的平均价差。[8]对于业余的无人机操作人员，Flock 提供“一天 3 英镑起”或“一杯咖啡的价格”的保险。这样做的动机，显然是为了推动更多的无人机操作人员使用“Flock Cover App……不到一分钟就可以为您的无人机飞行投保；让您充分利用突然出现的晴空或那些完美的无风情况”[9]。克林格认为，同样的方法可以应用于未来任何的自动化技术活动的保险条款，例如自动驾车旅行和自动送货等。[10]

总而言之，Flock 试图解决的低效率问题，正是我们所说的造成产品使用浪费的典型原因。如果没有像 Flock Cover 这样的专业保险计划，购买昂贵的保险可能会阻碍人们使用产品，或促使无人机操作员（或企业）将其使用限制在某些特定环境中。通过随时提供可信赖的以及能够负担得起的保险，Flock 使无人机的使用变得——更容易、更灵活。这鼓励了更多以及更智能的产品使用，因为它为客户提供了何时及何地使用无人机的信息，使客户可以评估使用无人机的场景风险。与此同时，该 App 为其承销业务合作伙伴安联提供了一种可以接触到更多用户的便捷方式。这对保险公司也是有利的，因为算法可以立即确定保险范围，而不是等待人类处理信息后再做出判断。[11]

与此同时，解决产品使用浪费问题，也促使 Flock 有义务在客户需要的时候提供这种保险。这是产品使用盈利模式的第二个比较不明显的维度。由于客户只根据使用付费，企业将更有动机在客户需要时提供使用"片段"。但企业需要警惕客户使用产品的需求增加或在非正常情况下使用产品，并确保自己有能力满足这种需求的激增。当使用的产品是保险或其他无形商品时，需求波动似乎不会导致什么问题。虽然像 Flock 这样的企业可能不会"耗尽"保险，也不会像机器那样在操作过程中出现故障，但保险公司很有可能会由于处理突然涌入的需求而耗尽精力。这凸显了产品获得和产品使用之间的联系。的确，个人或企业客户均无法使用从一开始就无法获得的东西。

各式各样的使用浪费

产品获得是一个范围问题：向尽可能多的（有利可图的）客户开放市场。但是，即使客户可以完全地、不受限制地获得一种产品或服务，也不能保证他们一定会使用它。事实上，使用浪费正以许多令人沮丧的形式出现。当一项资产，例如一辆汽车、一套公寓、一辆自行车、一台打印机、一件医疗设备，它们要么在其使用寿命的大部分时间里处于闲置状态，要么从一开始就无法被获得，而后者是由于客户认为该产品或服务的预期用途不能作为拥有所有权的正当理由。在第 3 章中曾提到，汽车有 95% 的时间是闲置的，而对于一种昂贵的产品来说，这样低的利用率令人深感不安。然而，同样的命运也适用于大量日常耐用品和专门的商业设备。

就像无人机保险一样，当一些障碍（比如相关风险或互补品的价格）阻止人们使用他们已经获得的产品或服务时，产品使用浪费也会发生。最后，当客户被迫购买太小或太大的包装时，会导致使用浪费，从而导致客户最终拒绝额外的花销或干脆丢弃那些未使用的部分。

企业有 3 个战略方案来解决这些使用浪费问题：分拆、计量和共享。每一种战略方案都以自己的方式，通过消除障碍和激活休眠或未充分利用的产能来提高效率。每种战略方案都可以追溯到几十年甚至几个世纪以前，但 21 世纪的信息和通信技术的持续进步——以及这些进步所带来的透明度——已经拓展了这些方案的潜力。每个战略方案在复杂性、投入度和优势方面也有所不同。分拆是最直接的方法，其次是计量，再次是共享。虽然如今在交通和住宿市场上，共享的方案可能是最流行的，但同时也是最复杂的。

分拆如何消除使用浪费

在第 5 章中，我们提到 Netflix 和 Spotify 作为图书馆的例子：大量类似产品（电影、电视节目、歌曲）的集合，对于客户来说，自己编写这些产品的成本太高了。因此，此类企业的定位与角色就很重要。Rent the Runway 在设计师服装和配饰方面也扮演着类似的角色。相比之下，有线电视公司更像是超级图书馆，因为它们的服务将单个图书馆（不同的频道）、互联网接入和固定电话组合到一起形成了"三合一"套餐。有线电视服务也因此而变得全面并臃肿，以至于不管其所提供的内容是不是用户想要的，用户都必须照单全收，并为其付费。例如，有些人可能会花大量的时间看体育直播和全天候新闻，却很少看儿童节目和纪录片，而其他订阅者则可能恰恰相反。

这是当客户被迫购买与其实际需求不相符的"数量"时，发生使用浪费的一个例子。虽然从技术上讲，订阅者不会扔掉他们在订阅上购买的多余的电影、节目、活动和纪录片，但他们很可能认为这笔钱打了水漂。作为回应，观众们采取了一种被称为"用户退订"的行动。人们正在放弃订阅，因为他们认为构建定制化的套餐（只包含自己真正感兴趣的内容）会更有效率，而个人"图书馆"的价格恰好支持了这一假设。美国一家领先的消费者监督组织"消费者报告"（Consumer Reports）的一项研究显示，在所有供应商中，有线电视服务捆绑套餐的中位数价格为每月 173 美元。[12] 这与截至 2019 年 6 月 Netflix 在美国收取的每月 15.99 美元的订阅计划收费相差甚远。[13] 类似地，YouTube TV 提供每月 49.99 美元的"无线电视直播"服务，而 HBO 每月收费 14.99 美元。[14] 这些服务的惊人增长表明，人们正积极地通过选择自己喜欢的节目，来调整自己的支出，从而减少或消除使用浪费。普华永道 2019 年的一份报告预测，流媒体视频服务的收入在未来 5 年将增长 64%，达到每年近 240 亿美元的水平，而有线和卫星电视提供商的收入将同期下降 16%，降至 840 亿美元。[15]

与此同时，在过去 20 年里，音乐录制行业和报纸行业的发展表明，获得浪费和使用浪费是如何交织在一起的。它体现了当一个行业从销售实体商品转向销售数字商品时所带来的影响。过去，由于物理条件的限制，把歌曲添加到光盘里，把文章印刷到报纸上，都是很经济实惠的做法。将最多的新闻分发给最多的人的最有效的方式曾经是印刷机。但在数字技术的加持下，经济发生了改变。提供单独的歌曲和文章也同样有效，可以将商品"包装"成最适合顾客使用模式的任何尺寸。正如网景公司（Netscape）联合创始人——互联网先驱马克·安德森（Marc Andreesen）所说："捆绑套餐的出现是当前技术发展的结果。"[16] 捆绑和分拆的循环是本书在第 2 章中所描述的技术进步所导致的自然结果。

以音乐录制行业为例，21 世纪初 Napster 和 P2P（点对点传输）共享的兴起，确立了听众更喜欢购买单曲而不是完整的专辑。然而，在那个时候，唱片公司的绝大部分收入来自销售用收缩膜包装的唱片盒，盒子里面装着唱片，唱片中包含了固定的一系列歌曲。不管听众是想要所有的歌曲，还是仅仅想听一两首歌，这并不重要。最终，唱片（光盘）的消亡导致了行业中数字音乐销售系统的出现，引发了 iTunes 销售量的爆炸式增长。到 2013 年，iTunes 已经卖出了 250 亿首数字单曲，用户再也不用像购买传统唱片那样，被捆绑售卖不想要的曲目。[17]

计量如何减少使用浪费

人们最讨厌的家务是什么？美国当代家庭委员会（CCF）2018 年的一份报告显示，人们最讨厌的家务是洗碗，该报告的其中一位作者称，这一任务“令人感到恶心。水槽里有陈旧发霉的食物。如果你有孩子，你会发现吸管杯里的凝固牛奶闻起来很恶心”。[18]

光是洗家里的碗就已经够糟了，想象一下更大规模的洗碗，比如在酒店或餐馆。然后再想象一下，在悉尼歌剧院、北京文华东方酒店、迪拜帆船酒店等优雅的场所，对洗盘子和银器的质量要求有多高。[19]

洗碗之类的工作可以说是德国企业温特豪德（Winterhalter）的专长，该企业专门为商业厨房提供“洗涤”设备和服务。这一家族企业成立于1947年，为客户提供洗碗机、衣架、洗涤剂、水处理用品以及清洁餐具所需的服务。但真正让温特豪德在市场上脱颖而出的，是它对清洁盘子的收费方式。温特豪德没有依靠简单的、传统的销售洗碗机和消耗品的模式，或者像本书在第4章中描述的订阅之类的产品获得模式，而是更进一步地推出了一个名为“按洗涤次数付费”（Pay per Wash）的项目。本着“价值交付”的精神，“按洗涤次数付费”着重于消除阻碍使用的低效率问题，而从定义上讲，这也包括产品获得的问题。温特豪德强调，这个项目让客户“无投资、无风险、无固定成本”。[20]客户只需要登录“按洗涤次数付费”页面，根据预先配置的规格输入洗涤次数，然后便可启动机器。之后，温特豪德再对每个完成的洗涤周期收费。该企业声称，它“将商业洗涤提升到一个新的水平：第一款您只需在实际使用时才需要付费的洗碗机。这意味着无论可用预算如何，每个人都能获得完美的洗涤效果，并具有最大的灵活性”。[21]

我们曾在第4章中展示了一些企业如何通过采用XaaS订阅或会员制，以最大限度地减少产品获得浪费。通过用定期付款代替完全的所有权，这些盈利模型旨在消除阻止一些客户“获得”所需产品或服务的物理或财务障碍。然而，虽然设计良好的产品获得模式可以真正打开市场，但它却不能追踪客户为获取价值所必须完成的产品使用情况，而这是本书前面提到的第二个检查点。相反，客户能按月或按年订阅的产品或服务往往是事先已确定的、不灵活的捆绑套餐。

温特豪德通过对离散用途进行计量和收费，消除了这种僵化，这种方法也能更好地解释工业产品和伴随它们的服务之间的共生关系。想想制造商常用的对服务收费的方式：当制造商将其“免费”服务捆绑到其产品价格中时，这实际上意味着它按磅（1 磅 ≈ 0.45 千克）、平方英尺（1 平方英尺 ≈ 0.09 平方米）或其他与产品本质或质量无关的标准来收费。[22] 这个简单的例子强调了将产品和服务捆绑在一起会如何扭曲客户对他们所购买商品的看法。

将产品和服务分开收费避免了按磅计费的服务问题，但又会产生其他问题。如果客户没有适当地校准他们的服务需求，或者由于成本限制而走捷径，他们将面临许多的风险，像是企业拥有的资产达不到其总量、效率或运行时间目标。固守这些传统的盈利模式，不仅会造成大量的产品获得浪费，还会造成产品使用浪费。它甚至可能会把对客户最友好的、最优质的服务套餐，变成企业发展和持续成功的阻碍。

温特豪德的“按洗涤次数付费”以及任何产品使用模式的成功，显然都与产品的可靠性息息相关。这一点也许是显而易见的，但不得不强调的是，认识到其意义尤为重要。如果当客户按下启动键时洗碗机不能正常工作，温特豪德不会得到任何报酬。就像我们在 Flock 和无人机保险案例中所说的那样，温特豪德有义务确保其产品在客户需要时处于完美的工作状态。客户只会根据实际使用支付费用，这将激励企业确保使用“片段”能在客户有需求时发生。

然而，按洗涤次数付费可能只是温特豪德推出更精益盈利模式的前奏，温特豪德目前正在开发所谓的“下一代解决方案”。其目标是利用互联网连通性来优化洗碗机的效率。通过收集和分析个人客户的影响数据，温特豪德希望能够更深入地理解和量化清洁效果，进而了解清洁效果对用户的价值。拉尔夫·温特豪德（Ralph Winterhalter）——温特豪德创始人的孙子、现任的联合首席执行官——描述了这一举措。他说：“利用技术进步是保证我们品牌未来持续发展的方式，它还能确保我们享有持续的增长和扩张。[23] 这使公司向实现‘为完美的清洁效果承担责任’的目标又迈进了一步。”[24]

让我们切换一下领域，想想现在的家庭可能签署的移动数据方案。移动网络运营商计算的是字节数，而不是家庭成员使用特定 App 的次数。从更大的商业规模来看，移动运营商考虑的不是一个可供客户企业所有员工使用的软件包。因为一些员工可能是重度用户，另一些可能是中度用户，还有一些可能根本不使用该软件。在这种情况下，开发人员可以追踪所有用户登录到系统的时间、数据动态和其他参数。

这两种情况也适用于同一种盈利模式，即企业根据其向市场提供的产品或服务的实际使用量向客户收费。2018 年，德勤对美国多家大型企业的 1000 多名信息技术专家进行了一项调研，以收集他们分别对以使用为重点的 XaaS 计量订阅和传统的购买永久许可证的态度。专家们列举了这些新协议的许多优势，这些新协议通常被称为灵活或按需消费，其中卓越的运营和劳动力居于优势榜首。大部分回复的受访者还提到了花费在维护和升级产品上的时间减少了，一方面因为这个责任已经转移到了供应商身上，另一方面，客户已有机会接触到前沿技术。[25] 调研还发现，引入 XaaS 计量订阅服务的供应商，"既得到了消费者的青睐，也得到了投资者的青睐，这是对传统估值方式的挑战，并给保留传统商业模式的行业参与者带来了压力"。[26]

有趣的是，这些发现不仅适用于硅谷最新的创新产品，也适用于有百年历史的经典产品。一位签署了 XaaS 计量合同的客户就来自这种传统行业，他这样评论："对我们来说，这样做将十分有利于财务规划，同时能帮助我们'消除'日常维护检查的'烦恼'"。[27] 同一供应商的另一个客户则相信，由于规模经济，XaaS 计量模式是"符合我们业务的正确策略"。[28]

整体来说，这些客户并没有购买软件、计算机硬件或其他更先进的现代技术产物，他们仍为自己的商用车车队购买米其林轮胎。更具体地说，他们正在报名参加由法国轮胎制造巨头米其林的车队管理部门 Michelin Solutions 提供的 EFFITIRES 计划。在该计划中，米其林提供轮胎，而客户车队经理只为行驶里程付费。米其林强调，该计划将“保护您的驾驶员及车上的负载，同时还能将您拥有它的成本降至最低”。[29]

世界经济论坛（World Economic Forum）发表的一份分析报告称，米其林从“销售轮胎产品到销售轮胎服务”的转变，帮助该公司“实现了更高的客户满意度、客户忠诚度和税息折旧及摊销前利润（EBITDA）率”。[30] 米其林在这一成功的基础上再接再厉——根据使用情况应用不同的衡量指标，将该项目扩展到了其他类型的商用车。米其林表示，它拥有“适用于任何行业专业人士的完整解决方案”，其模式基于“驾驶里程、航空公司的飞机着陆次数和采矿业客户运输的吨数”。[31] 这些“现用现付”计划的要素，包括轮胎选择、安装、维护、协助、轮胎雕花和报废回收。

自 2015 年起，该计划还包括对商用车队燃油效率的承诺。2017 年，米其林收购了服务商业车队的车联网公司 NexTraq。当时，米其林表示：“车联网和车队管理服务在全球范围内都属于快速增长的类别，也是米其林集团整体业务计划的重要领域。”[32]2018 年，米其林强调了其正在努力从单个产品层面收集影响数据，并将之作为改善轮胎管理服务的手段。米其林高级副总裁拉尔夫·迪门纳（Ralph Dimenna）说：“关键是要收集足够多的轮胎数据，让客户了解该资产的价值。”他补充道，这些数据还将使米其林能够从反应性轮胎管理转向预防性甚至预测性轮胎管理。[33]

最后，21 世纪出现了一个快速扩张的高要求客户群体，他们被称为数字游牧民族，是“借助笔记本电脑或智能手机等数字化工具远程工作的长途旅行者”。[34] 无论他们是在全球旅行还是于自己所在地区或城市内旅行，这些工作者都非常享受这种自由以及可在任何地方开展工作的方式。但是，在任何地方工作最终都意味着需要在某个地方工作，虽然海滩和山顶具有不可否认的吸引力，但这些数字游牧民族中的许多人更容易被吸引到这样的地方：能够提供咖啡因和 Wi-Fi 的舒适、便利的餐厅或咖啡店！

俄罗斯连锁咖啡馆 Ziferblat 使用的计量模式不仅迎合了数字游牧民族，也迎合了任何想找个地方社交、玩游戏或只是放松的人。与其他咖啡店或聚会场所不同，Ziferblat 的食物、饮料、洗手间和 Wi-Fi 都是免费的。取而代之的是，客户只需为他们待在该场所的时间付费，以分钟为单位。Ziferblat——在俄语中有着“时钟表面”的意思——早在 2010 年，就作为“随你付”模式（pay-what-you-want）的诗歌朗诵室开放给人们使用，但很快转为“现用现付”（pay-as-you-go）模式。[35] 到 2015 年，该公司已在俄罗斯、斯洛文尼亚、英国和乌克兰设下 13 个分支机构。位于英国曼彻斯特的咖啡馆则在 2016 年开业，每月吸引 1 万名客户。[36] 正如 Ziferblat 的一位高管所解释的那样：“我们对此不做评判，我们所做的只是提醒大家尊重空间的价值。”有些客人来这里只是为了用一下卫生间或是匆匆吃点东西，而其他人则花一整天时间在这里完成工作。

Ziferblat模式为其他聚集场所提供了一些值得思考的东西，即客户获得的价值与在该场所花费的时间有一定相关性。其中包括广受欢迎的棋盘游戏咖啡馆，例如Snakes & Lattes。该咖啡馆在多伦多经营有3家店面，还在亚利桑那州的坦佩设有1家。[37]每位客人只需支付一小笔费用，就可以在此地想逗留多久就多久，还可以从店里丰富的游戏库（内含1000多种游戏）内挑选各类棋盘游戏来玩。如果客户不懂得游戏规则，他们还可以请现场的“游戏大师”解释游戏要怎么玩。[38]这一模式的吸引力在于它消除了产品获得浪费，因为组装一个大型棋盘游戏库，对大多数人来说是非常昂贵的，而且人们很少有机会能与朋友在专家的帮助下舒适地尝试新游戏。对这类企业来说，下一步将是通过鼓励客人更频繁地到访、玩耍或在场所内进行更多消费来识别产品使用浪费。

盈利模式从产品所有权到计量服务（包括硬件和软件、成熟的工业产品和酒店服务）的成功演变，引出了一个重要问题：什么时候对你追踪的东西收费才合理？本着“价值交付”的精神，这个问题的答案将始终取决于：转换是否使卖方企业和买方客户之间的交易更有效？通过让消费者更容易、更节约成本或更有价值地使用产品或服务，盈利模式的改变在多大程度上消除了产品使用浪费？它在多大程度上提高了相关资产的利用率？

共享平台如何消除产品使用浪费

在第 4 章中，本书解释了 Rent the Runway 如何解决时尚市场中的产品获得浪费问题，它为女性提供了享受各种各样的裙装、礼服、手袋、珠宝以及其他名牌服装和配饰的机会，而且她们无须完全买下这些物品。维奥莱特·葛罗斯（Violet Gross）和梅丽·史密斯（Merri Smith）对 Rent the Runway 感到满意，但这两位企业家认为她们还可以进一步发展这个模式。她们没有提供从陈列着流行品牌并精心策展的“衣橱”中租赁衣服的服务，而是设想了一种建立在女性一直以来所习惯的传统做法上的服务，即从其他女性那里借用衣服。

“我和我的朋友总是互相借衣服，”史密斯在 2018 年 10 月的一次采访中说，“维奥莱特和我意识到这是一个尚未被开发的机会。如果有合适的基础设施，租借朋友衣服的生意可能会有很好的发展前景。”[39] 这个基础设施就是葛罗斯和史密斯于 2018 年推出的应用 Tulerie。本着“价值交付”的精神，Tulerie 网站明确指出，该业务解决了传统产品所有权模式中固有的产品使用浪费问题：“Tulerie 是一个机会，可以增加您的穿搭选择，并通过与您所在城市和美国各地有共享意识又时尚的女性共享衣橱来获利……通过租借而不是购买，您可以通过搭配，来享受无法单独发挥潜力的时尚单品。通过出借，您可以与像您一样时尚的女性，分享那些高端设计师的传统作品（环保时尚是很昂贵的）。”[40]

优步（Uber）和爱彼迎（Airbnb）是共享经济（也称为协作消费）的常见示例，但Tulerie的示例则显示了效率最大的敌人之一——闲置资产——是如何潜伏在任何市场中的。在这些市场中，大量的客户——无论是个人还是企业，都拥有他们没有完全使用的东西，而相应地，也有很多其他客户正需要完全相同的产品或服务，但却买不起。闲置资产可能是经典的"付费拥有"创收模式所引发的消费浪费的最明显症状。

共享平台让更多的人可以接触到产品和服务。它们还提高了个人已经拥有的资产的使用率，从而增加投资回报的可能性。这种逻辑同样适用于房地产行业，Airbnb将旅客与开放式住宅和公寓相匹配，如同物流初创公司Flexe将零售商与储能过剩的仓库相匹配。它也适用于停车位"市场"，在这个市场上，像Spothero这样的数字停车平台，通过汇集其合作伙伴的剩余车位，帮助驾驶员在拥挤的城市中找到停车空位。[41]最后，共享经济的逻辑也适用于TaskRabbit等服务，它可以帮人们找到可用的劳动力来做一些零工，例如安装平板电视、组装家具或搬运重物。在这种情况下，交易双方都有闲置资产可以交换，例如，客户无法使用未组装的家具，而提供劳动力的人手头上有一些空闲时间。[42]

共享平台的数量正在迅速增加，它们的存在对欠发达的农村经济体产生的影响最大。在这些地区，社区传统上是出于需要而共享资产，但只是在家庭或地方层面。然而信息技术的发展，使得农业设备等关键资产得以被更大规模的共享，改善了设备所有者和设备使用者的使用需要。Trringo——知名印度拖拉机和农业设备租赁服务公司——就是一个很好的例子。Trringo“旨在通过技术的力量和强大的特许经营网络，来提高农业机械化水平，使印度各地的农民能够轻松获得、负担得起并接触得到农场机械化”。[43] 这则声明强调了减少使用浪费的举措与减少获得浪费的举措之间关系的本质——虽然获得农业设备并不能保证使用农业设备，但没有获得就无法使用。

共享经济会发展到多大规模？普华永道预估，到 2025 年，在欧洲，仅 5 种类型的平台模式——共享金融、P2P 住宿、P2P 运输、按需家务服务和按需专业服务——其交易额就可能高达 5700 亿欧元，高于 2016 年的 280 亿欧元。[44] 如果预测成为现实，那这五个市场的平台提供商的预估收入，将从 2016 年的 40 亿欧元增至 830 亿欧元。在中国，这种增长同样惊人。中国的一家共享经济研究中心曾估计，中国的总运输额到 2018 年可能会达到约 4400 亿美元，年增长率 42%。[45] 这家经济研究中心副主任于凤霞对未来的增长表示乐观，这种乐观与“价值交付”的精神相契合：“共享经济将刺激消费潜力的加速释放，因为它既能满足消费者受限于传统服务模式的需求，又能激发他们新的消费需求。”

中国一家风投公司——愉悦资本的创始合伙人李潇补充道：“我们生活在一个不断追求更高效率的社会。正是没有被充分利用的资源催生了共享经济。我相信，随着共享经济进入越来越多的行业，它将为我们的社会创造巨大的价值。”[46]

这些盈利模式在世界任何地区的增长，都将取决于这些平台及其参与者——资产使用者和资产所有者——是否能克服以及如何克服不赞成共享的既定社会准则。荷兰金融集团 ING 对欧洲消费者进行的一项调研显示：人们对共享经济的厌恶情绪似乎难以被疏导。[47]在荷兰，64% 的受访者表示：“我不喜欢其他人使用我的东西。”对保险的担忧让 44% 的受访者胆怯，而对共享物品质量的担忧让 32% 的受访者望而却步。然而历史证明，禁忌是可以被克服的，社会准则确实发生了变化。想想各种拼车服务。大多数 X 世代或更老一代的人们，都记得他们的父母曾告诫他们“不要上陌生人的车”，或警告他们搭便车的危险。但像 Uber 和 Lyft 这样的公司，本质上提供的是大规模的、有组织的、经过同行评审的搭便车服务。不同之处在于，如今人们用拇指轻击智能手机屏幕来打车，而不是当街伸出拇指来表示需要搭便车。

将与客户的交易锚定在产品使用上的企业，改善了出售所有权或只针对产品获得的替代方案。与此同时，如果产品在被使用时不能提供客户需要的性能，那么“按使用付费”的模式或方案可能仍然是低效的。因此，迈向精益商业的下一个，同时也是最后一个检查点，是关注结果。或者说，我们还要讨论的是，在某些情况下，关注最终结果——产品价值本身的盈利模式。这将是接下来第 6 章的主题。

第6章　产品性能模式：按演出效果、医药疗效和广告点击量等结果收费

西班牙政府曾冒着让本国现场表演产业陷入混乱的风险，提高了剧院演出门票税。当税率在2013年从8%陡升至21%时，这个国家的小剧院——无论如何都无法拥有卓越的财务状况——争先恐后地寻找维持生计的方法。

为了保持收入的流动，西班牙巴塞罗一家很受欢迎的喜剧剧院Teatreneu决定为观众提供一个新主张。这个主张背后的逻辑很简单：如果Teatreneu是做喜剧生意的，那么它应该售卖喜剧，而不是喜剧门票。基于此，Teatreneu推出了一个突破性方案，该方案大受欢迎并且有效地吸引了客户，它不仅提高了观众的上座率和每位观众（贡献的）平均收益，其开发的App和广告活动还获得了国际上的关注，并拿到了分量很重的全球营销奖项。[1]

这个方案被称为“按笑付费”。[2]首先，观众可以免费进入剧院。由安装在观众前面座位背面的面部识别系统，记录他们在观看演出期间的大笑次数。以每次笑的定价为 30 欧分来计，Teatreneu 将每场演出的单名观众最高收费标准设定为 24 欧元，也就是 80 次笑，这样“就不会有人因为笑得超出自己的支付承受能力而哭泣了”。[3]这个决定有效地创造了一个从“毫无乐趣”到“乐趣停不下来”的享受场景。那些讨厌演出的倒霉观众——或者至少从来没有笑过的——完全不用付费。相反地，玩得不亦乐乎的观众则需支付最高的金额，这反而很合理。在这两个极端之间，笑的次数提供了一个清晰的、一致的、可量化的——尽管仍然不完美的——衡量娱乐的方法。

通过将其盈利模式调整到与观众满意度更相符，Teatreneu 几乎消除了我们所定义的产品性能浪费。当市场上的产品或服务被客户获得、使用或体验，但却没有交付客户预期的价值时，就会出现产品性能浪费。也许，解决产品性能浪费的盈利模式最突出的特点是，它们将能否成功交易的所有责任从客户转移到了企业。这就是“按笑付费”的例子。决定 Teatreneu 可获得经济回报的节目质量固然很重要，但一场极其糟糕的演出除了浪费观众在剧院里的时间，不会给观众带来任何损失。

与此同时，对于那些使用了产品性能盈利模式的企业来说，其生死取决于它所采用的衡量标准的“质量”。有些人可能非常喜欢该演出，但笑得很少，而其他人可能会试图通过抑制发笑来节省花费。这些担忧总是会存在，除非衡量客户获得实际价值的标准是完美的、无法被篡改的。最后，使用正确的技术对于实现按结果（性能）付费至关重要。要知道，售卖演出门票的做法已经有几个世纪的历史了，而且还能做得更加复杂。例如 17 世纪，环球剧院（Globe Theatre）已经会对莎士比亚戏剧的演出收费，甚至古罗马斗兽场（Colosse-um）都有座位表。[4] 如果没有面部识别应用程序，也没有部署在整个剧院用以支撑这些应用程序运行的硬件，以及能记录笑的次数并让观众在社交媒体上分享自己体验的软件程序，Teatreneu 的“按笑付费”计划只能是痴心妄想。衡量一个人有多享受是很难的，也是很主观的，但企业正越来越多地参与到寻找新的解决方案中，这还要归功于那些近 10 年前还不发达甚至不存在的技术。

难以捉摸的价值

价值是最终的结果。如果一家企业可以直接而精确地根据客户在交易中获得的有形和无形的满足感向他们收费，那么它就不需要通过中间的衡量标准来校准交易，从而最大限度地减少产品的获得、使用和性能浪费。价值正在“你得到什么，取决于你能付出什么”和“你付出什么，取决于你能得到什么”二者之间构建一种平衡。

然而，对于企业来说，找到一种持续而可靠地获取价值的方法，往往是一个难以克服的挑战。实际的选择是确定一个指标：一个可以被量化和验证的结果，并且（非常重要的）是价值的准确表达。“享受”是关于价值的一个很好的例子，乍一看，它无法用一致的量化来衡量。影院公司标准的“按所有权付费”的盈利模式显然是低效的，因为票价在演出前就已经确定，且对所有观众来说都是固定的价格。为了减少获得和使用浪费，人们可以用“按时间付费”的模式来取代门票，类似于之前提到的 Ziferblat 的例子。然而，喜剧说到底是一个品位问题，在这里，“计量”意味着：在整个演出期间坐在座位上的观众，无论他们是否真的喜欢这场演出，他们所需要支付的金额都一样。为了少付钱，失望的观众需要站起来提前离开。这就给我们带来了一个疑问：企业如何才能自信地确认某人曾度过“一段美好的时光”？更妙的是：该企业如何构思出一个系统，可以根据用户享受的美好时光向他们收费？ Teatreneu 的解决方案是用笑的次数作为客户享受程度的衡量指标。

大多数行业正处于一个将在未来几年参与“价值交付”模式的早期阶段——随着技术的改进，产品性能模式不仅可行，而且实用且有利可图。与此同时，企业最关心的是了解它们为客户创造价值的真正来源——通常是通过企业合作伙伴和客户本身的协作来实现。如果价值本身无法被衡量，那么结果的选择就至关重要了，这里面可能存在导致企业无法观察、衡量或控制结果的因素。在某种程度上，如果客户从产品或服务中获得的价值有显著差异，那么选择的结果衡量标准必须“个人化”，以反映这种差异。

在本章的其余部分，我们再看看其他领域或个别企业，是如何定义和使用产品性能模式的测量结果的。在某些情况下，行业中已经建立了这些可用于衡量结果的指标。但在其他情况下，争论仍在继续。

当价值来自情绪

人们有多享受他们所听的音乐？他们对特定歌曲的喜爱，是先达到顶峰然后随着时间的推移而下降，还是不管这首歌播放了多少次仍会持续喜爱？更重要的是，一个人对音乐的选择能影响随之而产生的行为，并通过促成或阻止某些结果来创造价值吗？

一组学者研究了现有技术如何根据司机的情绪为他们推荐音乐。研究认为：“考虑到音乐、情绪、驾驶舒适度和安全性之间的高度相关性，根据汽车驾驶环境中司机的情绪使用适当的、智能的音乐推荐是有意义的。”[5]本着“价值交付”的精神，这样的陈述回避了一个问题：什么是正确的结果测量标准。福特的一位高管认为，合适的指标使得“司机分心的概率和压力”最小化。[6] 早在 2013 年，福特就与软硬件开发人员合作，探索并利用“前所未有的车辆数据获取方式、全新的应用程序类别和硬件模块”，以促进“安全、节能、共享和健康”。[7] 其他有趣的问题还包括如何测量司机的情绪（影响数据的一个关键因素），以及哪种类型的产品性能模式可以将这些影响数据转化为收入。一种假设是，随着市场变得饱和且竞争变得更加激烈，音乐流媒体服务“需要重新想象自身以及与消费者的关系”。[8] 例如，司机可以为从听音乐中所获得的乐趣付费。这些数据可能反过来会影响保险费、高速公路通行费和其他与驾驶相关的成本。如果听音乐与安全驾驶之间确实存在关联，则司机可以获得相应的奖励。

具体来说，汽车制造商和其技术合作伙伴正在探索 3 种信息来源，以了解司机的情绪：外部因素，如天气、交通和道路状况；汽车本身的车联网数据；直接从司机身上收集的生物特征数据。未来，汽车可以结合面部识别等生物识别技术和心率、呼吸频率甚至汗液等生命体征，来测量司机的压力水平。一家公司甚至正在试验一种凝胶，它可以作为生物传感器应用在方向盘上。[9] 当司机陷入走走停停的交通状况时，智能收音机甚至可以自动切换到播放更柔和音乐的电台或播放列表，因为它“识别了你的刹车和加速模式”。[10] 这些举措背后的想法是，音乐的变化不仅可以提供娱乐，还可以降低司机患上“路怒症”的风险，从而降低出事故的风险。要知道，超过 90% 的交通事故都涉及人为失误，因此了解和“调整”

司机的情绪，有可能是一种阻止严重问题发生的方法。[11]

当价值来自点击量

长期以来，广告领域一直面临着如何定义有效结果的挑战。在互联网出现之前，企业很难（几乎不可能）确切地证明，目标受众中是否有人看到或听到了广告，更不用说进一步参与其中或采取行动了。

然而互联网的到来改变了一切，其中包括一家想要在广告变现过程中开创性注入问责制的企业。“我认为，互联网广告的全部意义在于问责制，”其中一位联合创始人说道，“你可以衡量它，这与平面广告不同。但现在所有人仍在以旧的方式兜售广告：花钱刷取存在感，然后交叉手指，祈求一个好的结局。”[12] 因此，这家新企业并不根据关键字出现的位置和频率来对搜索结果进行排名，而是依据广告商愿意为它们支付的费用来排名。该企业“以公开拍卖的方式发布每个词的价格，允许各大网站不断出价，从而争取某一主题的更高排名”。[13]

你可能在想，这个案例有点像是在描述谷歌旗下的谷歌广告平台。事实上，这个概念最早出现在《纽约时报》（*New York Times*）于 1998 年 3 月发表的一篇文章中，比谷歌诞生的时间还要早约 6 个月。这家开创性的企业是 GoTo.com（2001 年更名为 Overture Services，2003 年被雅虎收购），上面提到的创始人是比尔·格罗斯（Bill Gross），而不是拉里·佩奇（Larry Page）或谢尔盖·布林（Sergey Brin）。谷歌一直在2002年才首次推出基于拍卖的、按点击付费的搜索广告产品。[14]

今天，谷歌声称它的客户“只为结果付费，比如点击某个网站或致电某个业务”。[15]更具体地说，谷歌提供“按点击次数付费的广告服务模式”，这意味着只有当用户点击属于谷歌所有或谷歌网络成员所有的广告时，或当用户查看某些YouTube投放的广告内容时，广告商才会向谷歌付费。[16]这是另一个关于精益商业的典型例子，它满足了大众所表达的对问责制的渴望。广告商只为特定的、期望的广告结果付费，而不是购买广告并希望观众与广告内容互动。谷歌的模式是如此成功，其母公司Alphabet在2018年的广告收入总计为1163亿美元。[17]

展望未来，人们可能会质疑点击量是否是实际价值的最佳代表。产品性能浪费是程度问题，虽然广告推动线上流量的能力很重要，但流量并不等同于购买量。从某种程度上说，广告商最终关心的是自己网站上实际达成的交易，因此，今天更好的产品性能模式可能是“按转化率付费”，即广告商仅在用户点击广告然后购物时，才向谷歌或谷歌的竞争对手付款。按转化率付费最终是否会取代按点击次数付费，在很大程度上取决于测量技术的发展——该技术可以准确、透明地建立广告曝光与购买行为之间的因果关系。

当价值就是生命

尽管已经过多年的几乎不间断的试验，然而对于医疗领域来说，使用基于结果的协议仍处于起步阶段。下面的例子表明，在该行业内以一致、可靠且准确的，也是最重要的方式来衡量“健康”是多么困难。在美国，这一挑战尤其严峻，其医疗支出看起来似乎已失控。例如，华盛顿政策和政治杂志《国会山》（*The Hill*）于 2017 年发表的一篇文章称，虽然市场上大约 90% 的药物是低成本仿制药，但有“大约 5% 的患者需要服用所谓的‘专科’药物，用于治疗严重或危及生命的疾病。这些药物占所有药物支出的三分之一，随着罕见病新疗法和其他高度个性化药物的发明，这一趋势预计将继续下去”。[18]

一种现在相对比较流行的衡量标准是质量调整寿命年（QALYs），它通过估计患者在接受特定治疗或干预后剩余的寿命年数，以及生活质量评分进行加权计算，评分范围从 0 到 1。[19] 包括加拿大、英国、爱尔兰和荷兰在内的一些国家，都使用 QALYs 作为出发点来计算特定药物或治疗的价值，并判断公共资金应该负担的比例是多少。[20] 但采用 QALYs 在美国有很大争议性，并且在某些情况下被美国的《平价医疗法案》（ACA）明令禁止。[21] 禁令的理由之一是 QALYs 揭露了一个明显的道德困境：“美国不应给一个生命定价。”[22]

瑞士跨国公司罗氏（Roche）正在开发个人报销模型

（PRM），该模型认为药物的效果通常因适应证（患者的具体情况）、组合（与其他药物）和反应而异。这种方法显然背离了对药物本身或治疗进行收费的传统——即行业中传统的付费购买模式。在 PRM 下，“受药物为患者提供的价值驱动，一种药物可以有不同的价格”。[23] 收集药物利用数据，有助于向企业提供对疗效的必要洞察。罗氏认为，PRM“将通过使药物的利益更好地反映在其价格中，增加患者获得创新药的机会，并减少开处方为患者带来的财务压力”。[24]

2007 年，强生公司（Johnson & Johnson）为英国的肿瘤治疗提出了按结果付费的模式。根据该模式，公司将退还用于肿瘤（病症）未缓解患者的全部费用。同一年，美国一家主要的保险公司信诺（Cigna）建议，胆固醇治疗药物（他汀类药物）制造商应支付心脏病患者的医疗费用，即使他们已经坚定地遵守了治疗方案。[25]2017 年，制药商安进（Amgen）和健康保险公司哈佛朝圣者医疗（Harvard Pilgrim），达成了一项类似于信诺公司建议的协议。其中条款规定，如果符合条件的患者在接受瑞百安（Repatha）治疗[该治疗旨在通过降低 LDL（坏）胆固醇来降低心脏病发作或中风的风险]期间心脏病发或中风，[26] 哈佛朝圣者医疗公司将退还对应款项。

虽然这些安排通常被称为“按性能付费”或“基于价值”的计划，但本质上，它们只不过是将传统的所有权盈利模式与退款保证相结合。正如本章开头提到的，按结果付费盈利模式的一个显著特征是：它们将促成或确保成功交易的责任从客户方转移到了企业方。这种风险再平衡是减少或消除性能浪费的主要机制之一。在这种机制下，付款的时间尤为重要，因为即使企业承诺在未实现预期结果的情况下会进行退款，患者依然面临前期费用的支付要求以及是否真能拿回钱款的不确定性，而这些障碍都会降低交易的效率。

2018 年，也就是与哈佛朝圣者医疗达成协议的第二年，为了更好地应对这些突发事件，安进将瑞百安的标价降至 5850 美元（降低了 60%）。[27] 安进董事长兼首席执行官罗伯特·A. 布拉德威（Robert A. Bradway）解释了这一举措，他说："对需要自费的担忧，已被证明会阻碍大多数患者选择使用该药物，而我们希望确保每位需要瑞百安的患者都用得起瑞百安。"[28]

当价值是一堆岩石

21 世纪的很多企业都给人一种科幻感，这主要是因为它们是由信息技术和以客户为中心的业务所构成的复杂组合。

通过使用传感器、数字化平台、云计算和机器学习，这些企业可以准确了解客户的不同情况，然后利用它们的经验和技术专长，为客户的特定需求和愿望创造出卓越的解决方案。可能有的人会认为，这种描述更适合那些"科技"的、"复杂"的行业，比如机器人或自动驾驶汽车，而不是你可能在电视剧《行行出状元》（*Dirty Jobs*）中看到的那些不入流的行业。然而，澳大利亚澳瑞凯（Orica）公司——全球最大的为矿业公司提供商业炸药和爆破系统的供应商——就是一个典型范例，能说明选择明智的盈利模式对企业获得持续成功是至关重要的。

澳瑞凯并不销售炸药和与爆炸相关的服务，而是以能提供高质量“碎石”结果为生。这种以结果为基础的模式，它们称为“落地岩石”（Rock-on-Ground）合同。该模式已经成为澳瑞凯如何管理业务的决定性特征，对内部管理（创新和产品研发）和外部管理（与客户建立持续关系和市场定位）产生了深远影响。爆炸所产生的破碎岩石的大小，似乎与采矿企业使用炸药获得的价值密切相关，因为较小的岩石更容易处理，对应的处理成本也更低。

回顾第 3 章，当时我们曾引用了西奥多·莱维特的观点，即客户“不想买四分之一英寸的钻头，他们想要四分之一英寸的钻孔”。[29] 沿着这个例子，澳瑞凯最终选择专注于创造出这个孔洞的整个过程，从规划阶段一直到获得结果，而非向客户出售能在矿山表面炸出一个“洞”的设备。澳瑞凯引用学术研究称“如今多变且难以控制的爆破结果，对下游的影响可能会影响高达 80% 的矿山加工总成本”，并补充道，“这意味着该行业存在重大改善机遇”。[30] 换句话说，爆破管理对矿山的生产能力和盈利能力起着至关重要的作用——澳瑞凯的产品和服务正是基于此为矿山提供对应价值。矿山对爆破的管理和产量的控制越好，代表着碎石的质量越好，意味着客户能节省的成本就越多，这就是澳瑞凯为自己定义的利基市场。

如果澳瑞凯以传统的产品所有权模式，甚至是订阅模式出售其炸药、咨询服务和其他爆破材料，它将有产生各种形式的浪费的风险。在“按所有权付费”的机制下，产品或服务的价格可能会限制一些矿山获得这些产品或服务的机会，这取决于它们即将迎来的工作规模、所需炸药数量以及购买所需物资的财力。除非客户能够精确地估计出他们需要多少产品，否则“按所有权付费”和“按时间付费”的模式都可能产生使用浪费。最后，无论出于什么原因，如果矿山不能通过使用澳瑞凯的产品生成高质量的爆破，那么这些模式都有可能会造成产品性能浪费。在这种情况下，如果澳瑞凯的炸药本身没有缺陷，那么爆破结果不佳的财务后果将完全由矿山承担。

澳瑞凯通过设身处地为客户着想，减少了这 3 种形式的浪费。对于取决于爆破成功的收费，澳瑞凯负责必要的规划、适当的材料，并对爆破进行管理。同样重要的是，澳瑞凯坚定地以采用新技术为重心，以便不断优化其集成和执行这些任务的方式。2018 年底，澳瑞凯发布了下一代数字平台 BlastIQ，该平台集成了钻爆过程中基于数字连接技术所积累的数据和洞察。澳瑞凯称，由 BlastIQ 驱动的解决方案“能通过提供可预测的和可持续的改进，降低钻井和爆破作业的总成本，提高生产率、安全性与法律合规性”。[31] 换句话说，

BlastIQ“将使我们的客户能够更快更好地做出决策，并在整个运营过程中提供更好的爆破结果”。[32]而这些都是通过“在钻井和爆破过程中，为多个用户可视化地提供接近实时的、逐孔、爆破相关数据”实现的。[33]

澳瑞凯围绕精益商业理念，重新配置了采矿业的爆破作业模式。其所推出的落地岩石合同，为行业创造了优化机会，这在当时盛行的本地化、手动式、充满变数的产品所有权模式下不可想象的。不同之处在于，在新兴技术的加持下，爆破结果的质量如今不仅更加容易被量化和验证，而且也变得更易预测。矿业企业可以就如何开展某一项目做出更好的决策，节省大量时间和金钱，并充分利用因澳瑞凯的建议而变得经济实惠的机会。

本章和前两章列举了许多案例，以展示来自不同行业的企业如何使用影响数据、技能、经验和创造力来改变它们的盈利模式，让其从低效的产品所有权模式，转为更接近反映客户从交易中所获得的潜在价值的模式。我们所描述的一些模式仅能解决产品获得浪费，而其他一些模式则通过处理使用浪费来实现更高的目标。最后，本章讨论的模型试图量化和追踪有意义的结果，如果不能明确衡量结果的价值，就应该重点关注性能浪费。

本书的第三部分阐述企业应采取的行动，通过五个章节来讨论企业需要采取哪些步骤，来成功开发和实施新的盈利模式，也将提及在此过程中企业可能面临的挑战。

THE ENDS GAME

第三部分

行　动

How Smart Companies Stop Selling Products and Start Delivering Value

第 7 章　致力于结果

CNN 商业网曾发布过一份“美国最大的骗局”清单。这一份包罗万象的名单，收录了许多令人吃惊的高价产品和服务，包括电影院的爆米花、酒店的小酒吧和餐厅的葡萄酒。同时，它还罗列了大学教科书，并点评了这些教科书的价格——据说反映了“贪婪的出版商”的意愿。[1]根据美国劳工统计局的数据分析，从 1977 年到 2015 年，教科书的价格上涨了 1041%，是通货膨胀率的 3 倍。[2]

如果仔细审查清单上列出的这些项目，以及伴随而来的对哄抬价格和牟取暴利行为的指控，你可能会发现不少显而易见的问题。就教科书而言，为什么价格如此之高？“合适”的价格应该是多少？在很难找到二手书或图书馆藏书的情况下，学生们还有什么别的选择吗？

本着“价值交付”的精神，本书认为，要消除这种特殊的

“骗局”应该从揭露和消除低效开始。这样一来，就会引出另一组有趣的问题：有多少学生因为出版商坚持从产品本身赚取收入而无法获得教育材料？当学生为了一门课程购买了教科书，但却只阅读了一到两章时，会产生多少浪费？当学生觉得他们拥有的教科书对他们的学习目标（无论是更好的课程成绩、学习的快乐还是特定的工作前景）贡献不大时，会产生多少浪费？简而言之，教科书和其他教学材料是否满足了出版商、教师和学生的要求？

了解是什么真正推动或阻碍了教育成果发展，将对参与教育的每个人产生深远的影响——从学校系统到系统供应商，从教师到学生及其家人。在这些问题的启发下，总部位于英国的培生教育（Pearson）——自称为“全球教育公司”和教育材料的领先出版商——踏上了所谓的“通往高效之路”。换句话说，培生教育决定开始审查它与客户交易的本质，来解决高价问题以及人们对高价的强烈抗议。

2012 年，培生教育发表了《学习曲线》（*The Learning Curve*）报告，该报告旨在帮助“政策制定者、学校领导和学者”识别推动改善教育成果的关键因素。[3] 随后，2013 年 3 月，两位培生教育执行董事和一位顾问，通过英国公共政策研究所（IPPR）发表了一份名为《雪崩即将来临：高等教育及其面临的变革》（*An Avalanche Is Coming: Higher Education and the Revolution Ahead*）的报告，其中描述了高等教育中“将价格和质量捆绑在一起”的“扭曲的逻辑”。报告写道：“即使考虑了成本基础，向学生收取的价格也并不总是对经典的供需关系的反映。”“事实上，由于大学的成果衡量标准不全……投入指标往往被视为质量指标。”[4]他们认为，这种将价格与基于成本的质量指标捆绑在一起的逻辑“需要被打破”。

2013 年，培生下定决心要打破这种联系，将业务重心从销售教育材料转向销售学习成果。该公司在提交给美国证券交易委员会（SEC）的一份法规文件中，以书面形式详细描述了这一举措。培生教育声称，“通往高效之路”意味着它将“公开致力于高效和改善学习结果。培生将不再根据所生产制造的产品来评判自身，而是转为评估产品对学习者的影响。这将改变培生后续收购的方式、在哪里和如何投资、支持或放弃哪些产品，以及改变其内部招聘、培训和奖励公司每个人的方式。这一改变需要时间，这也是培生谈及这条‘通往高效之路’的原因，同时也是培生承诺截至 2018 年，仍会为培生所有产品和服务提供经审计的学习结果数据的原因”。[5]

自走上这条路以来，培生已将其愿景细化为追求“对学习成果和学习者的生活产生更大的影响”。此外，培生还开发了一个“高效框架”，旨在将公司的努力集中在 4 个关键问题上：我们试图实现什么结果？有什么证据表明我们会实现它们？有哪些计划和治理来帮助我们实现这些目标？我们有什么能力来实现它们？[6]

2018 年，在会计师事务所普华永道的审计下，培生提供了第一份经过审计的关于学习成果的详细报告和数据。培生的报告中提到诸如其所提供的数学类产品，给大学生带来的结果整体上看来好坏参半。总体而言，它指出“增加小测验和考试的提交次数、提高小测验和考试的平均分数以及掌握更多的学习目标，都与统计上显著更高的课程成绩相关”。[7] 培生进一步分析并认为：“MyLab Math 的使用情况及其在小测验和考试中的表现，与课程成绩和课程完成情况呈正相关性。然而，QuizMe 的使用情况和表现则与课程成绩呈负相关性。”培生推测，这种差异可能是由于学生虽然通过努力达到了 QuizMe 的特定分数阈值，但却没有真正掌握学习材料。

目前，培生向能获取 MyLab 材料的学生收取年费，价格和许可期限会因相关主题和课程有效期而异。也就是说，培生依据按时间付费的计划获得收入，每年从超过 1100 万名学生的个人用户层面收集影响数据。培生声称，MyLab 现在“根据学生的实际表现做出反应，提供数据驱动的指导，帮助他们更好地吸收课程材料与理解困难的概念”。[8] 重要的是，随着培生持续收集影响数据，它将获得足够多的依据和信心，从而进一步就与学生的交流进行功能上的改善。换句话说，培生将有机会对学习成果负责。

存在的问题

对于采用“价值交付”模式的任何企业来说，都存在这么一个问题：我们让客户为了什么付款？关于企业如何获得收入的真相，在于他们如何回答这个问题，而不在于广告、网站或销售人员面对面向客户所做出的承诺。事实上，除非企业能真正提供满足客户需求和愿望的解决方案，并采用使企业成功与客户成功相一致的盈利模式，否则一味声称能为客户提供更高的价值只不过是“空口说白话”。在这种情况下，对盈利模式进行选择是企业推行问责制的动力。如果一家企业产生的收入并非基于其为市场带来的实际解决方案，那么这家企业就是在欺骗客户——最终也是欺骗自己——因为它可能在交易中产生浪费。

转向对结果的不懈关注——最好是对价值本身的关注——也会使一家企业的创新努力变得更加可靠。许多创新者所面临的诅咒是，他们专注于让产品“更好”，却发现这些修修补补与客户的实际利益并没有产生任何联系。如果企业的产品或服务优于竞争对手的产品或服务，但客户本身对这种差异并不感兴趣，这就意味着创新者在错误的方向上浪费了宝贵的资源。但是，当企业通过选择盈利模式使其业务目标与客户的满意度相一致时，企业就会有最强的驱动力将研究和开发集中在促使双方达成共识的性能指标上。

如果站在 10 多年前的时间节点来看，企业想要追求这种程度的问责制可以说是天方夜谭。收集和使用影响数据的技术壁垒太高。但这些壁垒正在逐渐消失，在某些行业甚至消失得很快，从而推动企业最终能够“说到做到”。正如我们将在第 8~11 章中展示的那样，实现从一个效率较低的盈利模式——可能仍然是基于将产品或服务的所有权从企业转移到客户——到一个基于期望结果的盈利模式的转变，既不迅速，也并非线性，还充满了不确定性。这种转变提出了一系列的挑战，从在不滥用特权的情况下收集和分析影响数据的能力，到确保客户积极主动地参与创造质量成果，再到企业自身的心态、技能、承诺和资源的转型与升级。

定义“结果”

改变的起点，很显然是在企业中定义“结果”。从本书的角度来看，有 4 个条件共同决定了给定的结果是否适合作为盈利模式的基础。第一，结果必须对客户有意义，即对客户有价值。虽然这一点如此地显而易见，但许多企业仍会陷入一个诱人的陷阱，即专注于它们的固有利益或当前具有竞争优势的产品或服务属性，但这些属性对购买该产品或服务的人并不重要。对有意义结果的主张——这是企业价值主张的基石——可以是客观的或高度主观的，例如 Teatreneu 的“按笑付费”案例。

第二，结果必须是可测量的，使用一个或多个被企业及其客户理解和接受的参数。企业必须能够量化和表达其性能要求，这种方式可以形成与客户交流的基础。客户必须能够验证这些性能要求。如果没有这些投入，客户就可能会面临产品获得、产品使用和产品性能环节的浪费。例如，在面向企业（2B）的市场中，也许最基本的结果是某一产品或服务提高了客户的收益性，途径是通过降低客户的成本、增加收入或两者的结合。但是，如果客户收益性不能被直接衡量，那么企业就必须寻找一个可以被观察到的参数。澳瑞凯公司采用了“破碎的岩石”作为一个指标，用来代表产品对采矿作业的影响。

第三，结果的测量必须是稳健的，在这个意义上，参数是企业感兴趣的潜在结果的忠实代表。显然，参数和结果之间的低相关性挑战了这一要求。在最糟糕的情况下，两者之间的相关性可能为零，甚至为负，正如培生在涉及 QuizMe 的最初疗效研究中发现的那样。在最好的情况下，企业能够定义参数和结果之间的功能关系。再以培生为例，它致力于理解效能，最终使其在学生使用 MyLab 与课程完成度、课程成绩等结果之间建立了牢固的关系。

第四，测量结果必须是可靠的，即客户和第三方都不能篡改它。也就是说，客户不应该用手段“伪造”一个不准确的性能水平，以获取利益。一些客户可能会试图胜过追踪系统，尤其是当测量变量对价格、折扣或赢得奖品的机会有直接影响时。有一种情况是，客户试图通过低报产品或服务的性能以减少付款。反之，则是试图夸大性能以获得特定的奖励，例如“健身诈骗”的情况。当人们通过走路可以获得经济上的奖励时——例如降低健康保险费或健身产品的折扣——人们往往会通过一些创意小技巧来控制步数，并借此欺骗计步器，例如使用节拍器或遥控赛车，或是工作和看电视时简单地甩动手腕。[9]

当然，最有意义的结果仍是价值本身。但是，尽管有了本书在第 2 章中描述的所有技术改进，企业想要衡量价值仍然是非常困难的。例如，在消费者市场研究中，技术还没有发展到企业能够识别和测量大脑活动的变化（以一种具有成本效益和可扩展的方式）的地步。即使能够达到这一点，社会规范也会阻止企业收集和使用这种隐私数据，而不管“快乐”的衡量标准反映在盈利模型中将为客户带来多少好处。因此，即使在最有希望的情况下，企业通常也必须选择一个满足上述 4 个条件的结果，而不是价值本身。

结果的广度和深度

从实践的角度来看，结果有两个主要的维度：广度和深度。结果的广度是客户需求和愿望异质性的一个函数。从概念上讲，结果可以因个别客户、个别场合和特定时间段而不同。想想汽车行业，汽车的性能可以服务于广泛的用途。例如，有些人希望能有一个让他们感到安心的、专门的、全年无休的、在没有延迟或令人惊喜的情况下可以四处移动的工具。而其他人则有特定的运输要求（拖动设备或动物、运送儿童等），需要一辆他们可以根据自己需要进行改装和定制的车。第三类客户寻求灵活性，因为他们的目标是不断变化的——可能涉及通勤、商务、买菜/购物、越野探险等。第四类客户的交通选择范围有限，因此被“困”在某种特定的安排中。尤其是在农村地区。市场调研机构君迪（J. D. Power）的一位经理指出，大多数美国人仍然生活在农村地区，去上班需要一辆车，这种情况意味着Uber“不是一个人们负担得起的替代方案”。[10]最后，有些人想要一辆车，只是因为他们知道自己能够拥有一件专属的东西来获得满足感。这和实际是否使用这个东西没有任何关系！

另外，结果的深度是复杂性的一个函数。当结果只依赖于客户开发、产品或服务改善，并且可以被分解成一组清晰、可控的小步骤时，它往往没有那么复杂。反之，当结果依赖于中介机构和第三方，且基本的流程不明确或难以控制时，它往往更加复杂。归根结底，复杂性是一个企业需要追踪和协调多少个“变动部分”的问题。贡献者的数量尤其重要，因为如果一个市场发展到客户根据某种产品或服务的性能衡量标准来付费，那么负责提供这种性能的“团队”需要就如何共享所产生的附加值达成一致。例如，随着自动驾驶汽车的出现和人们对其接受程度的提高，贡献者的数量可能会成为一个问题。用自动驾驶汽车将乘客或货物从一个地点有效地运送到另一个地点，显然是一个复杂的结果，需要多个利益相关方共同努力。制造车辆本身的企业、提供智能系统的企业、管理车载娱乐的企业，以及协调交通流和导航的企业，都对结果的质量做出了重大贡献。这些参与者所面临的挑战是，如何确定一种可以保持浪费最小化的盈利模式。本书提出这一点——应将其视为一项需要彻底分析和规划的任务，而非一种障碍。

探索 vs 终点

尽管本章强调了企业应接受结果的重要性，但正确的结论是——并非每个企业都能够且应该在尽可能短的时间内，实施基于产品或服务性能的盈利模式。由于各种各样的合理缘由，企业可能无法在可预见的未来，到达“价值交付”的最终目的地。

此外，还有一条可以得出的正确结论是——今天，以产品或服务所有权为基础的盈利模式显然（表现）较差，而过渡到以时间或使用为基础的盈利模式，对大多数企业来说，都是可以做到的。重要的是企业需要开始探索。一家企业需要施展本领并推动自己从结果的角度思考，从而更关注结果而不是关注达成结果的手段。如果这种转型是不现实的或不实用的，那么企业还可以尝试通过引入新的盈利模式，即效仿本书在第 5 章中强调的那些企业的做法，以减少产品获得和使用浪费，或是如同在本书第 4 章中所举的例子那样，减少产品获得浪费。

第8章　打破质量悖论

“目前药品行业所面临的（情况）是，无论以任何准则和标准来看，药品价格都过高了。”[1]这段简短的评论出现在美国国会一个小组委员会的报告中，而任何关注医疗费用的人对此都不会感到惊讶。不过，这段话出现的时机可能确实会令人感到惊讶，因为它发表于1959年。

60年后，情景再现，7家领先的制药企业——这次是艾伯维（AbbVie）、默克（Merck）、阿斯利康（AstraZeneca）、百时美施贵宝（Bristol-Myers Squibb）、杨森制药（Janssen）、辉瑞（Pfizer）和赛诺菲（Sanofi）——高管在面对美国参议院议员时，需要回答有关高昂且持续涨价的医疗费用问题。这次会议的主题听起来也很熟悉，正如NPR指出的那样：“高额的药品价格和利润，有限的价格透明度，激进的营销，涉嫌专利滥用以及质量平庸的仿制药……这些参议员们数十年前就调查过的问题仍然存在。”[2]

在 2019 年的证词中，最具挑衅性的声音之一来自默克公司董事长兼首席执行官肯尼斯·弗雷泽（Kenneth Frazier），他告诉委员会：“越买不起的人付出的代价越高，这是我们国家面临的最大问题。我们的体制导致了最贫穷和最病重的人正在补贴其他人。”[3] 他的评论与迈兰（Mylan）制药公司首席执行官希瑟·布雷施（Heather Bresch）的观点呼应。后者曾于 2016 年前往美国众议院监督和政府改革委员会作证，因为此前迈兰制药对一种热门药品大幅提价，引发了一场重大争议。从 2007 年开始一直到 2016 年，迈兰制药在这 9 年间将两盒 EpiPen（一种可为过敏性休克患者注射从而挽救其生命的肾上腺素注射器）的标价从 100 美元提高到 600 美元以上。[4] 在随后的一次采访中，布雷施将导致高价的部分责任归咎于“体制”的其他方面。她特别指出保险公司设定了高免赔额，而药品福利管理公司则需要通过谈判获得高折扣。[5]“具有讽刺意味的是，这个体制鼓励高价。”布雷施聘用的一位女性发言人当时如此表示。[6]

鉴于过去 60 年来，政客们一直在追问制药业高管关于破败不堪的体制问题，人们可能认为高药价的问题是难以解决的。但是否有更好的方法呢？本着“价值交付”的精神，本书将复述这个问题并据此提问：这个体制中存在多少低效？答案是惊人的。一项研究估计，美国医疗部门的浪费金额约为 1

万亿美元，占全国每年医疗支出的 30%。[7] 撇开高额的行政支出和许多所谓的赤裸裸欺诈不谈，这种浪费有很大一部分来自各州护理标准的差异（这导致了获得方面的浪费），过度治疗（这导致了使用方面的浪费），以及护理和药物协同的失败（这导致了性能方面的浪费）。[8]

看起来，药品价格高企的问题似乎难以寻求到有效的解决方案。例如，诺华（Novartis）在 2019 年宣布，其用于治疗一种名为脊髓性肌肉萎缩症的遗传性疾病的基因疗法，收费是创纪录的 212.5 万美元。[9] 鉴于这种前景，医疗体制要如何解决高价造成的不可避免的浪费？企业，无论是私人企业还是国有企业，应该如何采取行动，使它们、它们的利益相关者（患者、保险公司、第三方）以及社会变得更好？

在本书看来，要回答这个难题，首先要考虑一个现存的问题，即我们要求客户为了什么买单。医疗技术巨头美敦力（Medtronic）的前首席执行官比尔·乔治（Bill George），在 2016 年为回应迈兰制药首席执行官布雷施的国会证词而撰写的一篇评论中，暗示了一个医疗行业可能采用的解决方案。乔治认为："从妙佑（Mayo）到默克，这些权威医疗企业都明白它们的业务是让人们恢复健康，如果它们把这件事做好了，利润自然随之而来。"[10] 换句话说，行业的成功是财务绩效与患者获得的医疗成效相一致的结果。在第 6 章中，本书描述了一些企业和机构已经在尝试量化病人的健康状况，并让患者根据这些量化标准来支付费用。它们并非孤军作战，一家叫作蓝鸟生物（bluebird bio）的生物技术公司，正在推行一种与具体疗效挂钩的分期付款计划，为一种遗传性血液疾病提供基因替换疗法。该公司让“产品总成本的 20% 作为预付款，剩余的 80% 则被置于可能被拒付的‘风险’中”。[11] 在随后的几年里，当治疗（疗效）达到某些标准时，如消除或减少输血的次数，还会额外多收取 20% 的费用。蓝鸟生物首席执行官尼克·莱施利（Nick Leschly）说：“只有当我们履行了我们的承诺，我们才会得到报酬。”[12]

而医疗系统内的许多企业，虽然明白它们需要面对“我们要求客户为了什么买单”的问题，却仍在继续关注其他问题。这些企业并没有认真思考通过提供药片、设备、治疗或手术来创收的好处，而是钻营特定价格点的好处，尤其是让产品和服务变得更经济实惠的机会。大多数其他行业也是如此。这就好像在某个市场中，其游戏的基本规则，即盈利模式的本质——依靠定价逐利，是无法被改变的。

质量悖论

为什么企业不立即抓住机会玩“价值交付”？为什么一个明知道消除浪费可以释放市场潜力的企业，不主动采取行动来改变其行业中盛行的盈利模式，来尝试更好地与客户从交易中实际获得的价值保持一致？

通常情况下，一种比较盛行的解释是，企业往往会被自己曾成功推向市场的过往产品和服务的质量“蒙蔽”。这就是我们所说的质量悖论。在某种程度上，对质量的不懈追求使得企业几乎无法想象，它能从销售产品以外的盈利模式中获得任何收入。换句话说，当一家企业过于专注于不断创新其产品时，它可能会变得只对自己提供的产品负责，而将自己暴露在不对客户负责的风险之中。在医疗领域，这意味着一家制药公司花费大量的时间、金钱和精力开发新药，只是为了专注于为自己的“产出”定价，而不是为客户所最终想要购买的东西定价。矛盾的是，如果一家企业继续坚持采用产品所有权盈利模式的话，它通过创新努力为客户创造价值的能力越强，在交易中产生的浪费就越多。

质量悖论的一个可能原因是取代，这是威利·崔（Willie Choi）、加里·赫克特（Gary Hecht）和威廉·泰勒（William Tayler）在 2012 年所发表的一篇研究文章中提出的概念。[13] 最简单的说法是，当个人或机构热衷于改进潜在利益结构的指标，以致该指标完全取代该结构时，就会发生“代位”。代位现象将“可衡量才可管理”这句管理学圣殿的经典名言背后的意图，扭曲为类似于“可衡量即万物”这样的理解。一个经常被引用的关于代位的例子是 2018 年涉及富国银行集团（Wells Fargo）零售银行的信用卡丑闻。“在严苛和不现实的销售目标的驱动下，富国银行社区银行部门的员工从事了欺诈性销售行为，包括在客户不知情的情况下开设了数百万个假的储蓄卡和信用卡账户。”[14] 在这种情况下，“企业很容易忽视其战略，而是严格关注代位其战略的指标”。[15]

代位现象可能会存在于产品所有权盈利模式背景下的原因有二。首先，考虑一家企业有过创新产品或服务，并在研发方面持续大量投资的情况。这种持续投资的动机，可能来自它希望在质量和差异化方面引领市场的愿望，也可能是整个行业的一个特点。不管怎么说，企业对其产品都十分崇拜。然而，与第 4 章中的吉列公司类似，也与许多制药或消费电子公司类似，这种崇拜强化了企业固有的内向型态度和行为，使企业不太会去考虑——更不用说接受——产品或服务本身之外任何能衡量其盈利模式的指标。在专利技术或工程及流程方面的专业知识扎根越深，企业就越容易受限于一孔之见。

在产品所有权盈利模式的背景下，出现代位现象的第二个原因关乎企业财务。创新往往是一种昂贵的实践，而大量的投资通常会使企业在任何涉及营收的决定上更加保守。在这本书所讨论的不同模型中，传统的产品所有权模式可能是企业能采用的最简单、“最安全”的模式了。这是因为该模式使企业对销售产品或服务所涉及的成本有一个相对清晰的认识。也因为如此，企业能以某个价格从每笔交易中获得回报。虽然这也许不是能获取的最优回报，但它所面临的风险是较小的。

本着“价值交付”的精神，为客户创造更好的结果应该与为企业创造更好的财务结果齐头并进。两者越紧密，双方交易过程中产生的浪费就越少。当一家企业已经拥有了卓越的产品或服务，并且还拥有创新和保持优势的资源时，如果它还固执地坚持产品所有权盈利模式，那么，这对企业自己和客户都是不利的。该模式可能会导致市面上出现令人眼花缭乱的价格标签（用于反映或验证产品的内在质量）。而这样的价格很可能会让企业无法接触到潜在客户，并扭曲产品使用模式。更重要的是，产品所有权盈利模式也无法实现对产品性能的保证。

2019年初，波士顿咨询公司举了一个例子，来说明如果一家制药商将其疗法的盈利模式从基于每次治疗付费（产品所有权模式），转换为基于人群付费的付款者许可协议（类似常用于软件的企业许可证进入模式），将会发生什么。[16] 波士顿咨询公司以丙型肝炎病毒（HCV）的治疗为例。根据所引用的数据，尽管2013年推出的创新药物可以在8~12周内治愈HCV，但世界上大多数HCV感染者仍未被治愈。[17] 波士顿咨询公司列举的HCV疗法模型表明，在其所展开测试的每个市场中，引入基于付款者许可协议的盈利模式后，患者、付款者和制药企业都表现得更好。[18]

正如波士顿咨询公司报告中所写的那样：“治疗方法的出现给制药企业和为药品付款的诸如经销商等机构，造成了真正的定价困境。如果今天的药品定价只反映随着时间的推移所积累的价值，那么由此产生的（高）价格将会给付款者带来压力，促使其中一些企业限制患者获得药品。相反，尽可能快地治疗所有患者——这样做会加速消除患病的情况——所付的代价也非常低，以至于开发某些治疗方法的经济吸引力会大大降低，特别是与治疗慢性疾病的药物给企业所带来的经济效益相比。”[19] 换句话说，虽然惊人的突破性疗法确实存在，但是，除非医疗体制采用专门设计的盈利模式，从而限制制药商和付款者之间的交易浪费，否则，那些疗法都将无法发挥其“魔力”。正是质量悖论阻碍了企业对这些模式进行考虑和采用。

解决问题

基于以上观察，本书认为，在一个“体制”破败的行业中，企业可以通过应用本书在第一部分和第二部分中介绍和阐述的概念，来帮助自己实现市场的开拓进取。它们可以先基于以客户为中心的思想得出合乎逻辑的结论，再使用当今的突破性技术将影响数据整合到它们的战略演算中。这些企业会抓住市场上的增长机会，通过将它们的盈利模式与客户所期望的结果——或者可能与价值本身——相结合，确定在哪些地方可以最大限度地减少浪费。

当然，想要解决问题，或是试图打破质量悖论，并没有那么简单。在一个企业能够采取有效的步骤之前，首先需要认识到其正面临着质量悖论。它需要意识到，企业如何通过产品和服务（企业提供给市场的解决方案）为客户创造更好的结果，与企业如何为自己创造更好的结果（盈利模式）之间存在冲突。如果企业盲目地坚持同样久经考验的所有权模式，解决方案越强，冲突就越大。抛开奢侈品等行业不谈，在这些行业中，成功往往与排他性密切相关，企业必须认识到，在改进产品的同时，固守一种阻碍客户购买的盈利模式，或一种出于对产品使用或性能不足的担忧而阻止客户购买的盈利模式，都是没有意义的。

固守既定的盈利模式会导致企业惰性，这可能表现为厌恶风险、短视和一定程度的傲慢。企业越是试图通过将过去投射到未来以延续过去（的成功），它们就越有可能对市场趋势做出被动反应而不是引领潮流。通过削减成本、提高流程效率和渐进式创新——努力在现有体制中取胜——而不是改变现有体制，会强化企业对低收益盈利模式的没来由的承诺。认识到这一点则意味着企业开始迈出了第一步，要知道，其实许多管理者大可不必受困于某种经营方式。

第二步是识别和评估当企业计划采用更有效的盈利模式时所将面临的机遇和挑战。正如本书在第 7 章中所述，企业做出改变决策的难易程度在一定程度上取决于结果的性质。例如，执行基于复杂结果的新盈利模式可能需要多个玩家的参与，这可能会耗费大量时间、精力和金钱，从而导致企业慎重考虑是否采取行动。话虽如此，那些能够持续保有一流表现的企业，必将拥有最强的加入“价值交付”模式的自驱力。这些企业已经将自己的价值主张集中在一个或多个质量维度的优势上，这意味着它们已经夯实了基础，可以凭借着企业已有优势所产生的结果向着新盈利模式转换。从市场的动态变化（结果的性质、竞争的程度、现有的透明度水平等）来看，实施一种让企业真正对客户负责的盈利模式实际上可能会激发企业对质量的追求。然而，具有讽刺意味的是，那些最有可能从实施更好的盈利模式中获益的企业，恰恰是那些最有可能遭受质量悖论之苦的企业。

目前表现良好的企业（或行业）往往很难具备改变的动力。例如，世界上许多顶尖制药公司不愿转向基于结果的盈利模式。不可否认的是，截止到目前，这些企业为市场带来的产品和服务已经为企业本身、为患者，以及为整个社会都创造了巨大的价值。哥伦比亚大学教授弗兰克·利希滕伯格（Frank Lichtenberg）分析了 22 个国家的药物效益后认为，自 1982 年以来推出的药物每年可使人口寿命延长 1.5 亿岁，平均每人寿命的年支出为 2837 美元，分析称，这是一个“划算”的数字。[20] 那些制药企业显然已经从中获利。彭博社（Bloomberg）的一份报告称，2018 年，全球排名前 13 位的制药企业净收入超过 1000 亿美元。[21]

然而，仔细分析就会发现情况有所不同。人们普遍认为，许多药物的价格与它们实际提供的价值并不相符。在2016年一篇题为《医疗价格中的质量悖论》（The Price-Quality Paradox in Health Care）的文章中，美国医疗保健成本研究所（Health Care Cost Institute）得出结论："（药品的）质量和价格措施之间的关系表明，单靠价格可能不足以识别药品的质量。在某些情况下，较高的价格实际上还可能与较低的质量相关联。"[22]

打破质量悖论的第三步，也是最后一步，是要求企业坚持不懈地寻找以下问题的最佳答案：我们要求客户为了什么买单？企业不应该止步于对当前财务状况的满足而忘记追求这一目标。只要在与客户的交易中存在大量浪费，就有改进的空间。更重要的是，企业始终面临这样一种威胁，即当前的舒适圈很大概率会被大胆的竞争者或新进入者打破，而这些竞争者或新进入者敢于审视交易，并决定为客户提供更高效的建议。

不得不承认，回答这个存在主义问题，对于本书来说是一个宏大的、有些令人不安的挑战。坦白说，我们也很想跳过这项工作，并默认使用熟悉且"足够好"的答案。就像许多企业习惯于依赖它们已经生产的产品和服务以获得利润那样。但那些意图为客户提供卓越解决方案的创新型企业绝不能故步自封。要知道，那些创新型企业在解决质量悖论的过程中获益最多。然而，它们或许还缺乏这样一种信念，即如果企业积极打造以客户为中心的闭环，并从它们费尽心力想要讨好的客户的角度重新思考自己的盈利模式，企业将可以更成功，或者更长时间地保持成功。

第 9 章　近距离接触

2018 年，墨西哥国际航空公司（Aeromexico）通过一则视频宣布了一项巧妙的折扣计划，将价格促销的理念提升到了前所未有的个人层面。计划的内容如下：来自美国南部的旅客如果乘坐飞机前往墨西哥，航行价格可以根据旅客拥有的墨西哥 DNA 比例打折。

这段两分钟的视频有一句口号是“内部折扣：我们的内心无国界”。视频中展示，得克萨斯州沃顿镇的居民惊讶地发现，经过 DNA 测试得出他们的墨西哥血统程度后，他们可以以 15% 或 18% 的折扣到访墨西哥。[1] 这一活动为航空公司提供了一种向潜在客户宣传他们与墨西哥之间有特殊联系的方式，或许还能鼓励他们去墨西哥旅行和探索。这则由航空公司的广告服务代理商奥美（Ogilvy）[2] 发布的广告，于 2019 年初美国政府停摆期间走红，而走红的部分原因是美国和墨西哥之间拟议的边境墙的资金分歧。[3]

这则广告是“一个看看会发生什么的实验”，并且（一开始）还因为没有（广告）预算而在 YouTube 上沉寂，直到奥美的炒作式宣传以及围绕边境墙的争议才致使视频在网上疯传。[4]

尽管如此，这则广告的存在引发了有关数据收集的重要而微妙的问题。企业能够并且应该收集多少关于客户的信息？对企业开放数据使用权的话，客户会获得什么好处？应该有哪些指导方针来管理数据“收集者”如何使用和保护这些信息？在这一章中，本书将研究当消费者愿意透露关于他们自己和他们消费行为的细节时，他们会得到什么，又会失去什么。要理解其中的利害关系，首先要意识到这些“影响数据”与企业过去研究的所有其他客户数据有何不同。

数据的三种类型

当我们考虑到企业可能对它们的客户数据感兴趣时，我们将这些数据区分为 3 种类型。第一种类型的数据帮助企业了解他们的客户真正需要和想要什么。几十年来，这一直是营销部门和研发团队的命脉。彼得·德鲁克、西奥多·莱维特和其他几位学者的开创性著作，促使旨在了解客户想法的市场研究工具得到了更深入细致的运用，比如焦点小组和定量调查。科学技术的进步不仅改进了这些方法，而且在特定的情况下取代了它们。今天，包括直接观察和经验访谈在内的方法越来越受欢迎，因为它们能够挖掘出受访者的潜意识想法和动机。

企业收集的第二类数据相对较新，是有关客户为寻找和选择能够满足其需求和期望的解决方案而采取的不同步骤的信息。这些决策“过程”的原始表现形式是线性的，客户遵循一个相当可预测的路径，或是从意识和兴趣到实际购买的“漏斗”模式。然而，电子商务的出现和发展，同时暴露和加剧了这种简单的“购买线性流程图”的局限性。21世纪客户的决策过程绝不是线性的。他们倾向通过多个接触点和多个渠道开展决策，而企业则可以利用这些信息来设计丰富的体验，并与它们的目标受众建立更牢固的关系。

第三类数据是本书在第2章中所定义的影响数据。虽然收集有关客户需求、愿望和决策过程的信息，通常不是一项侵入性或有侵略性的工作，但收集影响数据本质上是一项非常个人化的工作，因为它们揭示客户在获得产品和服务后如何使用它们，以及这些产品的实际性能如何。对影响数据进行监视和追踪，可以揭示个人或企业客户故意隐藏的事实。数据和随后的分析，还可以揭示企业和客户都没有预料到的模式、趋势和行为。出于这些原因，大多数收集影响数据的尝试，客户都可以选择是否加入，并且收集数据的企业应当保护这些数据，并主要为了客户的利益而使用它。

影响数据使企业能够打造以客户为中心的闭环，并定义一个更高效的盈利模式。没有影响数据，结合传统的需求、愿望和过程信息，就不会有“价值交付”，因为企业没有可靠的方法来识别和消除浪费——它们没有办法来让自己负起责任。具体来说，企业不能在对产品的使用时间、使用方法、使用场景、使用程度、使用影响以及使用结果一无所知的情况下，转变成改善产品获得渠道的盈利模式，并将与产品使用和产品性能相关的风险从客户转移到自己身上。最大的问题——也可能是价值万亿美元的问题，即如果我们纵观一个经济体中所有形式的产品获得、产品使用和产品性能浪费——源于客户在多大程度上愿意与企业分享他们的信息并推动“价值交付”。

保护隐私和建立信任

银行抢劫犯是 19 世纪和 20 世纪民间传说中的反英雄人物。据称，银行抢劫犯威利·萨顿（Willie Sutton）曾表示，他之所以抢劫银行，是因为“那里有钱”。[5] 在 21 世纪，与银行抢劫犯对应的则是黑客。据报道，2019 年上半年发生了 3800 多起数据泄露事件。[6] 仅在医疗领域，2018 年就有 503 起数据泄露事件，数量是 2017 年的 3 倍。[7] 至于美国的银行抢劫案，据美国联邦调查局（FBI）的数据，2018 年总共只有 2975 起。[8]

火炬已经传递。以使用和性能数据形式存在的“钱”现在存储在服务器上，而不是保险箱里。在这种情况下，任何以数据为导向的对更好盈利模式的追求，对客户来说都可能是偷窃行为，除非企业采取严厉的措施来保护客户的隐私并培养出客户信任度。保护隐私意味着，企业需要采取适当的保障措施来保护数据的机密性。这是关乎技术和监管方面的挑战，已经超出了本书所探讨的范围。另外，建立信任意味着让客户放心，企业收集和使用影响数据最终也是为了客户的利益。

缺乏客户信任的代价是高昂的。在2017年底发布的第十三届年度全球消费者脉搏研究中，埃森哲咨询公司强调：“41%的消费者因为糟糕的客户个性化服务和缺乏信任，而不再购买该公司的产品或服务，这使美国企业在去年损失了7560亿美元。”[9] 如果没有更深入的客户洞察，企业就无法提供客户渴望获得的体验。同样，《纽约时报》在一篇文章中强调了客户信任的重要性，以及对客户信任缺失的不安，文中描述了一些企业在收集个人层面行为数据上的公然商业动机：“近年来，数据公司利用新技术可以即刻识别人们在智能电视上看什么内容，然后利用这些信息向人们家中的其他设备发送有针对性的广告。”[10]

软件巨头赛富时通过使用“信任危机”一词进一步发展了这一观点。重要的是，该公司将透明度和问责制视为解决方案的基础，而这是一种让客户能够接受甚至鼓励个性化的方式。在2018年的一份题为《互联消费者现状》（The State of the Connected Consumer）的报告中，赛富时做了这样的解释："提供个性化体验需要数据驱动的360度视图——但却有超过一半的受访者对企业使用数据的方式感到不安。客户表示，企业可以通过采取某些步骤来赢得他们的信任，例如让他们控制数据的应用方式，以及向客户明确告知企业的数据应用方式。如果企业可以解释如何利用相关数据提供更好的客户体验，86%的客户表示更有可能信任该企业。"[11]

在客户对收集到的关于他们和他们行为的信息越来越敏感的情况下，企业将面临客户信任的挑战。艾宁德亚·高斯（Anindya Ghose）在他的《点击：解码移动经济》（*TAP: Unlocking the Mobile Economy*）一书中提出了一个发人深省的问题：收集和使用个人数据的能力，会让一个企业变成一个看门人还是一个跟踪狂？[12] 显然，企业有可能成为令人毛骨悚然的跟踪狂，尤其是看到本书第2章中描述的，在信息技术突破的推动下，数据收集似乎变得更具侵入性，而且在某些情况下还变得更难以被发现。

然而，现实是，共享个人数据一直以来都是一个有风险的提议。企业必须意识到客户面临的风险以及他们对风险的敏感性。同时，企业也必须尽其所能来减轻客户的这种担忧。然而，与此同时，企业必须能够传达这样一种信息：对客户来说，共享个人数据从来没有像今天这样，是一项物超所值的投资。因此，玩“价值交付”的企业所面临的挑战是，确保风险和回报之间的平衡最终能有利于后者。对于企业来说，寻求采用一种能使交易更高效的盈利模式，仍然是一个有教育意味的和伦理道德上的挑战。采用更好的盈利模式可以消除浪费，将市场潜力转换为实际价值。通俗地说，这种变化扩大了企业与客户共享的“蛋糕”。客户知道，通过允许企业追踪产品使用和产品性能数据，他们自身也在做大蛋糕方面发挥了关键作用。因此，企业应该与客户共享增量效益。

问责制是新的纽带

精益商业是由企业需要、收集和使用的数据类型的重大变化所形成的。正是这种信息密集型“燃料”，为本书中提到的企业的行动提供了强大动力，例如温特豪德（第 5 章）和澳瑞凯（第 6 章）。成功的企业会将自己完全投身于影响数据中，以最高的精确度衡量客户所想要的消费模式，以及客户从产品和服务中获得的真正收益。对客户的主动和被动的追踪，为企业提供了 20 年前，甚至 10 年前都无法想象的洞见。此外，当客户亲身了解一个企业可以使用这些数据来交付他们想要的结果时，这将使交易双方都能处于令人羡慕的位置。

使这些关系持久的关键要素——可以说是保持数据流动的纽带——即问责制。客户要求企业信守承诺。他们接受与企业共享数据，因为这将使他们能够证明自己的价值。但有一个问题是，客户产生的数据流可能比企业可以合理获得并处理的数据量更大、更复杂。因此，企业现在必须对快速流动和不断增长的数据进行分类，以找到需要利用数据创造的东西，更重要的是，向客户和自己证明所创造的价值。成功引流和筛选这些数据的企业抓住了这个可以消除浪费的巨大机会。它们可以鼓励甚至激发高效消费，提高产生更多更好结果的可能性，并了解如何与客户共同创造价值。

在商业市场中，影响数据的可用性及其使用不仅可以衡量结果，而且还可以预测结果。例如，Syncron[13] 声称可以帮助企业“最大限度地延长产品正常运行时间”。它列出了对数据流有价值的几个应用，如预测飞机发动机的剩余使用寿命，预测石油和天然气工业中用于提取原油的电潜泵可能发生的故障，预测小型社区的能源需求以预估能源网络的过载情况。[14]

消费者市场同样为企业提供了这样一种机会——以利用客户数据作为一种手段来消除浪费及提高客户体验。正如本书在第8章中提到的，通过车辆自动驾驶到达目的地是一个复杂的结果。客户数据的流动绝对是必要的，这不仅是可行的，而且是有利可图的。科尔尼管理咨询公司（A. T. Kearney）的一项研究估计，通过减少交通事故、降低能源消耗、降低维护和服务成本，自动驾驶汽车每年仅在美国就可以节省1.3万亿美元。[15] 这类车辆的运行依赖于乘客、车辆以及中央管理和引导系统之间的海量数据交换。自动驾驶汽车还带来了一个重要且复杂的结果：机动性。简而言之，机动性的总体目标是“无缝地、直观地帮助乘客知道他们要去哪里，他们如何到达那里，以及他们在途中要做什么。”[16]因此，数据交换可对盈利模式产生直接影响，这取决于提供这一复杂结果的人或企业是如何定义它的。科尔尼咨询公司的报告这么写道：“谷歌的无人驾驶汽车不仅是客运工具，还是一个精妙的数据收集系统。如果乘客愿意通过交换丰富的数据（遥测、图像和视频）来换取乘车，谷歌就可以显著降低数据获取的门槛。然而，没有任何理由可以解释，现有的原始设备制造商为什么不能追求类似的战略或是压制谷歌的战略。”[17]

另外，数据交换可以为企业和客户提供机会，增进他们之间的关系，即使是在灯泡这样看似简单的东西上。波士顿咨询公司在一篇有关物联网的文章中描述了这一机遇：“智能灯泡将消费者从偶尔的、匿名的灯泡购买者，转变为联网照明的消费者。如果消费者选择加入该网络，他们的使用数据不仅对灯泡供应商有价值，而且对更广泛的网络内其他企业也有价值，包括公共事业单位、室内设计商和消费电子公司。企业在这之中面临的挑战在于，弄清楚物联网数据对每一个潜在客户的价值。”[18]同样的想法也适用于大型商业设施。昕诺飞照明公司（Signify，原名飞利浦照明）没有向阿姆斯特丹史基浦机场出售灯具装置，它售卖的是光，或者更确切地说，把光当作一种服务。昕诺飞的驱动力之一是对循环经济的承诺，它将其描述为“通过创造而不是浪费，通过使用而不是拥有，通过重复利用而不是销毁，来更有效地使用资源”。[19]

最先进的企业——尤其是那些不存在根深蒂固的、效率较低的盈利模式的初创公司——向客户承诺了大多数现有企业以前从未认真考虑过的东西：只有当客户盈利时企业才盈利。因此，更先进的企业正在收集和利用新类型的数据，以更好地了解客户何时使用它们的产品以及产品的性能如何。成功与否取决于该企业管理和利用这种新发现的客户信息透明度的能力。这就是问责制和客户信任发挥作用的地方，这样企业和它们的客户就可以携手合作以实现互惠互利。

第 10 章　与客户合作

您是个好司机吗？

大多数人倾向用一个响亮的、自信的“是”来回答这个问题。这不仅是我们从个人经验中得到的印象，也是多项学术研究中被充分证实的发现。[1]司机似乎特别善于高估自己的驾驶能力。他们认为对自身安全的最大威胁并不来源于自己，而是由于“其他司机的行为增加了撞车的风险，例如：酗酒或闯红灯”。[2]事实上，有些司机甚至认为自己比别人更清楚什么叫开车开得好。[3]

这些自以为是的想法可能会导致人们在投保时感到沮丧。在普遍的“高于平均驾驶水平”的司机心中，决定保险费的代表性因素，如年龄、驾驶经验、居住地和事故记录，显然是不够的。对这样的司机来说，真实的驾驶情况比这一堆描述词更复杂。他实际上应该得到一个明显低于标准模型建议的费率。因此，如果能有一家保险企业发现这个问题并提出一个对应的解决办法就好了。

本着“价值交付”的精神，总部设在美国的前进保险公司接受了这一挑战，并决定为客户提供此服务，根据真实的道路驾驶行为调整其保险费。对前进保险来说，“没有两个司机是相同的……那为什么他们的保险方案也要一样？”因此，该企业利用“游戏化”鼓励会员记录和分享他们的驾驶数据，以换取个性化的报价。这样一来，该企业将汽车保险价格设定的模糊过程（通常基于驾驶能力和风险分担这种代表性较差的指标），转变为有趣的互动竞赛，把客户每天和每英里的驾驶行动与他们最终支付的价格联系起来。

让司机把他们引以为傲的声誉和驾车能力投入测试的产品叫作快照（Snapshot），这是前进保险在 2008 年推出的一个按使用付费的保险项目，目的是收集“关于你如何开车、开车多少次、什么时候开车的信息”。快照通过智能手机 App 或直接插入车辆的设备（通常在方向盘下）来收集必要的数据。具体来说，它记录了一天中车辆行驶的时间、行驶的里程数以及速度的突然变化（急刹车和急加速）。[4] 急刹车被定义为在 1 秒钟内速度下降超过 11 千米 / 小时。如果司机使用智能手机 App，快照也将收集司机在驾驶时使用手持设备的数据。[5]

加入快照计划可免费试用 30 天（无任何附加条款）。前进保险将插件设备邮寄给司机或要求他们下载快照 App。一旦建立连接，前进保险就可以开始追踪所需信息，并在试用期结束时生成估值。[6] 大多数会员在加入该计划后发现他们的费率下降，平均折扣总计 145.7 美元。[7] 但快照绝不是一个通用的折扣方案。2015 年，前进保险报告称：“10 名快照用户中有 8 名获得折扣，其余的要么没有折扣，要么需要支付‘少量’附加费。”[8] 即使到了 2019 年初，这一比例还是保持着，当时前进保险的网站声称：“10 名司机中实际上只有大约 2 名需要支付更高的价格。”[9] 安全驾驶行为频率更高的司机更有可能自行选择加入快照这样的方案，而风险驾驶行为出现频率较高的司机更喜欢由前进保险或其竞争对手出售的替代方案，因为这可以有效掩盖他们的真实驾驶情况，并让更安全驾驶的司机来补贴他们。

到 2019 年，前进保险已经积累了总计 250 亿英里的驾驶数据，现在它不仅可以为客户提供个性化的费率，而且还能更全面地了解驾驶所涉及的风险。例如，这些数据使该企业证实了一直以来的一个直观假设，即“放下手机的司机比那些拿着手机开车的驾驶员提出索赔的可能性更低”。[10]

退一步讲，快照的例子揭示了一个重要的问题。企业很少仅靠自己来决定结果并向客户提供价值。也就是说，在许多交易中，价值的创造是企业和其客户的共同责任。对于前进保险来说，客户提供必要的数据，使按使用付费的保险成为现实，并与企业一起合作努力提高驾驶性能。快照“将驾驶游戏化，作为鼓励司机保持 App 运行的一种方式（需要打开位置追踪功能），使客户可以随着时间的推移获得保险方案折扣”。[11] 当然，不同之处在于折扣的程度，还有快照鼓励客户获得这些奖励的方式。“驾驶详情”功能允许会员“深入了解您的驾驶情况，以及您成功获得保险折扣需做出什么行为的提示”。数据和进度每天都会更新，类似于一些人追踪他们的健身、饮食或财务状况的方式。“徽章墙”功能为司机的进步或达到的里程碑提供徽章，并为参与者提供一个“与朋友和家人分享你的表现，并挑战他们”的平台。[12] 这些游戏特色消弭了群体里关于个人的驾驶能力以及谁应该获得“最佳司机”称号的认知差距。在社交媒体上发布徽章和排名的能力，是为了促进良性竞争，鼓励参与者更安全地“加倍努力”以提高绩效，并一劳永逸地解决谁是“高于平均水平的”和谁不是的问题。

本书早前曾在第三部分提到一家企业可能需要与其他企业合作以实现一个复杂的结果。现在的问题是，客户也可能在这个过程中发挥积极的作用。他们的贡献可能至关重要。然而，随着企业在“价值交付”中取得进展，产品获得、使用和性能相关的风险从客户的肩上转移到企业的肩上。如果盈利模式让客户对产品是否提供了杰出的价值漠不关心，那么到底是什么促使他们帮助企业生成高质量的结果？

如何应对客户的漠不关心

当盈利模式以性能为基础时，客户的参与往往是至关重要的，因为他们必须以符合创造优质成果的方式行事。例如，一种新的医疗方法也许可以极大地缓解病症甚至治愈该病症，但它只有在患者遵守治疗计划的情况下才能发挥作用。不幸的是，遵从治疗往往不是一个定局。除了完全拒绝服用某种药物或接受某种治疗，还有未经医嘱的药丸拆分问题，当患者觉得这样可以省钱时，他们可以忍受药物疗效差的风险。[13]同样，即便是世界上最好的机器，如果用户不用它，或没有正确地使用它，它也不会产生最佳性能。最好的部件如果放在仓库里或没有被正确地安装，也不能完全发挥其潜力。正如本书在第 6 章所讨论的，培生教育为学生提供了内部激励，让他们在创造价值的过程中“尽一份自己的力量”，因为好成绩或学术表现的提高通常会带来更好的职业前景。但是，只有学生使用这些工具并加以合理应用才能提高学习成绩，否则培生提供的工具不会产生预期的效果。

如果一个企业希望客户积极参与交易中的价值创造，它就必须确保客户会对产品或服务所达到的性能水平有所关心。当客户对此无动于衷时，他们可能会对其与企业的关系表现出一种随意的漠视。例如，像 Rent the Runway 这样的订阅服务或任何由车企提供的会员资格，都有着大量的高价值资本在流通。它们的成功——甚至它们的声誉——取决于能向下一个用户提供干净、功能齐全、有吸引力的产品的能力，而这又取决于上一个用户不再使用产品时的产品情况。本着这种精神，客户在归还衣服、车辆、公寓或任何其他共享物品时使这些物品保持良好状态，是一种“更大的收益”。然而，一些客户可能没有意识到他们承担着这种隐含的义务。

换句话说，客户在游戏中越不要“面子”，他们遵守游戏规则的动机就越低，他们参与风险或发生剥削行为的可能性就越大。根据“价值交付”的精神，这意味着一方为交易成功承担的风险越大，另一方为交易成功做出贡献的激励就越小。这种逻辑支撑了诺贝尔经济学奖得主肯尼斯·阿罗（Kenneth Arrow）在 20 世纪 60 年代关于道德风险的研究。在 2016 年的一次采访中，阿罗说，他觉得美国的医疗体制自他于 1963 年发表其开创性的论文以来，“在低效率方面根本没有改善”[14]，“这个体制的效率很低下，尽管它当时的效率也很低。试图改善医疗服务的合理尝试，即让更多人可以使用医疗服务，这导致了一个更臃肿的体制，因此更复杂，更容易被人利用”。[15]

当一个企业采用一种更高效的盈利模式时，它也会逐渐承担与为客户创造价值相关的风险。如果企业有信心能够持续创造高质量的结果，那么承担这种风险就不是问题。然而，当客户参与到这个过程中时，结果的质量会变得越来越不确定，除非企业能够为客户提供适当的奖励以激励客户做出适当的贡献。也许激励客户的最简单也最基本的方法，就是确保他们在结果改善时按比例（如果是成比例的）受益。也就是说，客户帮助企业创造的价值（即双方在交易中可以提高的效率）越多，他们应该持有的价值份额就越大。

除了经济激励，企业有三种选择来减轻他们从客户那里承担的风险：立约确保权利、游戏化和整合。

立约确保权利

如今的技术使测量过程变得更加容易，并且结果更加准确。为了避免模棱两可，企业及其客户可以利用这些技术来定义一个精确的、可测量的、无操纵风险下可验证的结果。[16] 对结果的测量也应该独立于外部影响，或者至少是与它们不矛盾。

但是，在建立双方关系的过程中，如果一方（如客户）认为另一方（如企业）的作为或不作为对他们 / 它们造成的伤害大于带来的好处，会发生什么？无论这种判断只反映了主观想法还是客观现实，持怀疑态度的一方可能会决定减少参与。获得 2016 年诺贝尔经济学奖的奥利弗·哈特（Oliver Hart）和经济学理论学家约翰·摩尔（John Moore）将这种现象称为“落差”，“当一方没有从交易中获得预期的结果，并且觉得另一方应该受到指责，或者没有采取合理的行动来减少损失时，就会出现落差。受委屈的一方常常以微妙的方式削减其表现，有时甚至是无意识地削减，以进行代偿”。[17]

为了防止或减少客户行为威胁到结果的实现和结果的完整性，企业和客户可以签订正式的“按结果付费”合同。该合同的存在是为了确保双方在交易中认清自己的权利和义务。尤其是在企业希望客户遵守提供最高水平性能所需的流程时。然而，将合同落实到位会带来一些挑战，其中就可衡量性达成共识可能是最难的。在按结果付费的合同中，衡量标准的两个最大敌人是模糊性和外部影响。

比如说，如果合同规定某工厂要实现 50 万美元的运营成本节约，那么这个目标可能会受到一些影响，而这些影响会产生实质性的效果——可能包括关键员工的流失，关键客户的流失，或竞争环境的变化，如新进入者或合并。一个客户甚至可能为了少付钱而忽视遵守衡量协议，也许是因为他们认为以较低的价格获得“足够好”的质量，比以较高的价格获得“尽可能最好”的质量对他们来说更划算。因此，事先和事后衡量绩效的能力，是按结果付费合同是否合理的一个主要标准。[18]

在本书看来，提高可衡量性涉及三个方面：企业需要有适当的衡量文化，需要有能够明确衡量结果的技术，还需要有能力在合同商定的参数范围内交付结果。在文化方面，咨询机构贝恩断言，拥有“衡量优势”的企业比没有这种优势的企业“更有可能超越它们的业务目标，增加收入并获得市场份额”[19]。表现最好和最差的企业之间的主要区别包括：对所有渠道的客户活动的洞察，对实时数据的获取，以及允许企业对其观察到的情况做出快速反应的协作文化。本书认为，如果一个企业缺乏强大的衡量文化，那么在寻求合适的技术和交付预期结果的其余方面就会遇到困难。

在决定签订按结果付费合同、定义目标结果和决定如何准确衡量结果方面，经验往往起着不可或缺的作用。2012 年的一份报告介绍了通用电气（GE）水电部的案例研究，强调了衡量一个结果的复杂性和特殊性。其中有一个案例讲述了葡萄牙一家啤酒厂的铝罐出现了腐蚀情况。通用电气部门首先对水质、流速、耗水量和杀菌剂筛选等参数进行了审计。审计结果显示，需要改变杀菌剂的剂量和不同的缓蚀剂。实施这些改进后，通用电气开始对加工程序进行微调。腐蚀的消除和质量良好的铝罐产量的增加，为啤酒厂节省了 69.1 万美元。[20] 同时，通用电气不仅成功地为客户提供了服务，还获得了学习经验。它可以在未来类似的情况下，利用这些经验来定义合理的结果范围、管理预期、建立应急措施，并更好地估计实现客户期望的结果可能需要的资源。

当然，像通用电气这样的企业也有可能面临成本超支带来的挑战。根据先前结果的差异，它还需要考虑到产品性能不佳或性能过剩的问题。但是，这些可能出现的情况引出了这样一个问题：从长远来看，一个（对企业和客户双方来说）

有潜在风险的合同，是否仍然比企业仅向客户出售其产品和服务并让客户承担制定和实现目标的责任要好？

例如，当企业规模比客户规模小、客户占据上风时，这可能是有意义的，这在许多 B2B 的市场中比较常见。在这种情况下，卖方可能会推动按结果付费的合同被接受，但随后面临的情况是，项目超出原定的目标范围，而客户拒绝支付所欠的款项，宁愿违约，也不愿意接受另一个更有利的协议。该企业面临着所谓的滞纳问题。它可以起诉客户要求付款，但这个过程是不确定的，很可能需要很长的时间，而且会严重危及双方未来的关系。因此，在客户相对强大的情况下，企业必须稍稍放宽心，即对方不会在方便的时候退出交易。当然，如果卖方很在意这种风险，它可能会选择一个传统的、更“公平”的交易，在这种交易中，所有权的转移意味着客户要预先付款。

游戏化

游戏化是一种比根据合同创建义务的侵入性更小的选择。研究员塞巴斯蒂安·德特丁（Sebastian Deterding）将这种做法定义为“在非游戏环境中使用游戏设计元素”。[21] 反过来，游戏化是一种常见的“助推”形式，这个术语由另一位诺贝尔经济学奖得主理查德·泰勒（Richard Thaler）和一位法律学者兼哈佛大学教授卡斯·桑斯坦（Cass Sunstein）提出，指的是“在不禁止任何选择或显著改变经济动机的情况下，以特定方式改变人们行为的任何选择架构的任何方面”。[22]

“游戏”的两个核心组成部分是吸引客户的一套规则或活动，以及一个明确的奖励机制。对于一个企业来说，这意味着将客户追踪、数据收集以及一系列的目标和奖励，结合到一个有吸引力的项目中。在前进保险的快照方案中，数据追踪与徽章、奖励、“徽章墙”相结合，从而成为一个很好的例子。前进保险表示，获得徽章或分享成果对客户获得的费率或保险费没有直接影响。然而，这种良性竞争——助推——间接导致了更好的结果，因为它鼓励客户监测和改善他们的指标。

三菱汽车（Mitsubishi Motors Corp）正通过“道路助理 +”（Road Assist+）将这一想法进一步实施。这是一个创新的智能手机 App，“使三菱汽车司机能够享受基于购买保险所节省的成本，而不必在他们的车辆上安装远程信息处理硬件设备，或购买使用较新的‘车联网’模式”。[23] “道路助理 +”由三菱与律商联讯（LexisNexis Risk Solutions）合作构建，它将远程数据的控制权授予三菱，三菱可以与保险企业共享这些数据。[24] 三菱是第一个实施这种方法的汽车制造商。为了鼓励人们注册“道路助理 +”，该企业推出了一个奖励机制，允许用户获得徽章。不过与快照不同的是，三菱的司机可以用他们获得的徽章兑换小奖励，如礼品卡，以及更换机油或汽车配件的价格折扣。[25] 最后，虽然汽车制造商试图逐渐将数据转化为新的收入来源，但“道路助理 +”的目的仍在于帮助企业加速客户获取并提高客户留存率。

游戏化同样适用于结果难以量化的情况，比如一种积极的体验、一种舒适的感觉，或者一种兴奋的感觉。企业越是能鼓励付费客户沉溺于或沉浸于某种特定的体验，客户和企业能获得的价值就越大。这种想法的两个常见例子是茶歇和运动。盛行的星巴克智能手机 App，使用游戏化来加强其基于星星的奖励系统。顾客每消费一美元就可以积累两颗星，同时他们也可以通过奖金、双星日或玩季节性游戏来增加账户的星星。[26] 波士顿红袜棒球队则使用了一个更加复杂的积分系统，来鼓励季票持有者在比赛、活动和其他与球队相关的活动中花费更多的钱。持票人甚至可以通过在电视上观看比赛来获得积分。他们可以用这些积分兑换诸如签名物品、进入比赛场地的通行证、与球员在同一停车场停车的通行证，以及可同步获取比赛期间记分牌上的信息等福利。季票持有者通过竞争来获得这些奖励，也可以用他们的积分来竞拍独家机会，像是投出第一球或与赛事老板一起观看比赛。最后，在赛季中获得最多平均积分的两名会员，将赢得在东道主处观看红袜队比赛的客场之旅，这是一个十分受欢迎的奖品。[27]

整合

在许多市场中，特别是那些工业产品和服务市场，卓越的技术知识和经验意味着，企业往往比客户更了解实现质量成果所需的条件。因此，企业的一个选择是扩展其业务，并接管通常由客户承担的活动。换句话说，企业说服客户“退居二线”，并有效地将必要的工作外包出去，以确保尽可能达到最高的绩效水平。当客户缺乏足够的专业知识、技能或资源，来确保与企业自身所能实现的结果相一致时，整合就很有意义。如果企业不能通过激励、合同或游戏来充分调动客户的积极性，整合作为最后的手段也是有意义的。不过采取这一步骤显然是有代价的，但当企业认为收益大于投资，或者不采取行动的机会成本要高于投资额时，整合将变得十分有意义。

同样的方法能在直接面向消费者的市场中发挥作用吗？宝洁的新的汰渍清洁（Tide Cleaners）服务自2019年初推出以来所取得的进展，或可提供一些启示。[28] 自从DSC和其他剃须俱乐部成功地削弱了宝洁子公司吉列看似不可动摇的地位后，宝洁为其市场领先的汰渍洗涤剂品牌开启了订阅模式。正如《华尔街日报》在2016年指出的那样，在被DSC的成功“打蒙了”之后，宝洁的高管们“不仅关注消费者买什么，还关注他们怎么买”。[29]

汰渍清洁的官网说，汰渍清洁是“洗衣护理的未来”，并声称“汰渍清洁提供个性化洗涤、折叠、干洗和改服装服务”，[30] 这暗示了它接管这些通常留给客户的活动后给客户带来的价值。这将提供剃须刀片或汰渍洗涤剂的意义，提升到了一个新的水平。至少可以说，如果吉列或 DSC 派出一名训练有素的员工到客户的住所亲自进行剃须，那将是一种侵犯性和令人尴尬的行为，但是为客户洗衣服——从而使他们免于寻找别的洗衣方法或支付大笔费用，可以算作是一种客户想要的、有价值的体验。正如一位宝洁的高管所指出的那样，当“对许多人来说，最近的洗衣房在 20 层楼下或 10 个街区以外”时，[31] 这一点尤其正确。

如果宝洁改变盈利模式以反映洗衣液、洗衣粉或洗涤球的消耗量，它很可能会面临客户篡改或误报用量以降低洗衣费用的风险。宝洁几年来一直在汰渍的容器上印刷预计使用次数，而如果客户知道想要的结果（干净衣服）的成本直接和成比例地取决于他们使用了多少洗涤剂，他们就会有限制洗涤剂用量的动机。也就是说，通过自身的行为，客户有可能在产品使用和产品质量之间取得一种不符合宝洁利益的平衡。

而通过实际为客户洗衣服，洗涤剂的消耗不再套用这种等式。宝洁完全承担了成本，现在它有自己的激励机制，能以最佳的资源使用方式实现客户所期望的性能。大规模洗衣服的能力使宝洁可以在这个市场上具有竞争优势。汰渍清洁还为宝洁提供了相当可观的影响数据。正如一位分析师所描述的那样，汰渍清洁为宝洁提供了“全新的、从未被开发的、关于其最忠实的客户的人口统计学和地域的数据，这些数据为宝洁提供了测试新产品的机会，并使宝洁对（未来可能的）收购有了深入的洞见”。[32]

企业不应期望或想当然地认为客户会自动共享他们的数据，并用某些有效的行为实现特定的结果。一家企业对责任的承诺不仅通过它对盈利模式的选择来体现，而且还应通过它为客户提供的激励方式来体现——使其成为企业的合作伙伴。

第 11 章　采取进一步行动

软件先驱企业 Adobe 采取了最简单的产品销售模式并获得了全球的成功：一个包装在纸板箱中的塑料光盘，以及用户预付后即可使用其软件产品的永久许可证。到 2013 年初，Adobe 每季度的收入为 10 亿美元，净利润率为 19%。在大萧条后 Adobe 仍保持持续增长的业绩推动下，Adobe 的股价达到了 5 年半以来的最高点。[1]

在这种情况下，很少有人会期望 Adobe 高级管理层做出更多的改善举措。毕竟业务正在持续运转着，为什么要修复它呢？更何况，假如 Adobe 的高级管理层真的决定实施一项大胆的计划，还可能会导致短期内收入增长的停滞和利润的暴跌。

然而，这正是 Adobe 接下来所采取的行动。在 2013 年 5 月的 MAX 会议上，Adobe 向市场投下了一枚重磅炸弹：它将停止销售包括 Acrobat、Illustrator、InDesign 和 Photoshop 在内的一系列以永久许可为基础的创意产品，转而通过一种被称为“创意云”（Creative Cloud）的全新订阅服务模式，向市场提供这些产品。换句话说，Adobe 将全面致力于采用产品使用盈利模式，而不再依赖传统的产品所有权模式。

“我们相信，目前我们正处于数字通信历史上的一个关键拐点。”Adobe 在 2012 财年的 10-K 文件中的这句陈述，暗示了其为何要采取行动以应对即将到来的市场变化的理由。大卫·瓦德瓦尼（David Wadhwani），Adobe 的高级副总裁兼数字媒体的总经理，阐述了进行盈利模式转换的逻辑。他说，这将驱使 Adobe “以更快的速度把创新送到我们的用户手中”。瓦德瓦尼补充说，在新的订阅模式下，客户将持续获得产品改进，同时可以使用 Adobe 的所有创意工具，并与其他用户在虚拟社区中进行线上互动。[2]

Adobe 还认识到，如果任由市场野蛮生长，那么采取如此大胆的行动是不会取得成功的。为了让潜在客户清楚了解到创意云的好处，Adobe 开展了广泛的宣传活动，并设定了一个目标：要在世界各地举办的活动中与 5 名客户进行面对面的会谈，以赢得他们的青睐。瓦德瓦尼解释说：“我们知道这将是一个巨大的变化，但我们非常专注于打造共享创意云的愿景，我们计划将未来的全部创新都集中到创意云上。”他补充说：“目前，使用创意云的用户所反馈的满意度已经超出预期。”[3]Adobe 还向投资界抛出了橄榄枝，但它同时强调，投资者们需要持有耐心。对投资者宣传的目的是明确 Adobe 并非不必要地增加了未来业务发展的不确定性或不稳定性，相反，它正积极地将持续的中期收入流延长至未来，以换取与客户更紧密、更持久的联系。事实上，Adobe 在短期内“损失”得越多，它在未来就会赚得越多，因为它正在用可能持续不断的小额月度收入流来取代高额的、一次性的收入。

在对客户和投资者展开多轮宣传活动攻势后，转向订阅模式的计划得以按期执行，并最终帮助 Adobe 达到一个全新高度。到了 2014 年，预期中的短期财务下滑开始显现，与 2012 年的峰值相比，Adobe 收入下降了 6%，净利润下降了 67%。但度过这一时期后，Adobe 的财务状况便取得了持续改善，这在之前那个 Adobe 采用产品所有权模式的时代是不可想象的。2014 年至 2018 年期间，Adobe 收入和利润的年复合增长率分别达到了 21%（绝对值达到 90 多亿美元）和 76%。更令人印象深刻的是这一举措带来的 Adobe 的市值变化。2013 年 6 月下旬，即 Adobe 宣布向订阅盈利模式转变的 MAX 会议后的一个月，其市值为 225 亿美元。到 2019 年 9 月，Adobe 的市值已经增加了 5 倍，达到 1345 亿美元。

当创新变成一种浪费

声称一个企业通过引入创新来让客户过得更好，这似乎是一种不费吹灰之力就能取悦市场的逻辑。然而，“价值交付”对这种说法提出了质疑，强调让客户满意本身并不能保证企业获得成功。相反，当一个企业懂得采用一种恰当的盈利模式，来解决在交易中造成的产品获得、使用和性能浪费问题时，将会提高它从其推向市场的创新中获利的概率。Adobe的转型经验和基于创意云的产品与服务的转型支持了这一观点。

这家来自加利福尼亚州圣何塞市、拥有30年历史的软件企业成功预见到了未来，并认识到传统的产品所有权模式将很快成为其发展的障碍。技术进步暴露了这个行业出售所有权的一个重要局限性：它是一种低效的、不切实际的方式，无法向客户提供源源不断的创新产品和服务。并非试图找到一种在现状中取胜的方法，Adobe选择去设想一个不同的未来。在这个未来中，Adobe将更多地——但不是完全地——把对客户做出的承诺负责到底。它实施了一种从本质上保证客户能获得创新机会的全新盈利模式。

图11–1阐述了Adobe这一决定背后的基本原理。左边的线表示一个企业通过其产品和服务向客户提供的价值。随着企业推出对客户越来越有意义的产品，这条线上的点会向上移。右边的线代表企业从与客户的交易中所获得的收入。当企业采用更高效的盈利模式时，右边线上的点会向上移动——也就是说，该盈利模式可以对可能产生的产品获得、使用和性能问题承担起越来越多的责任。

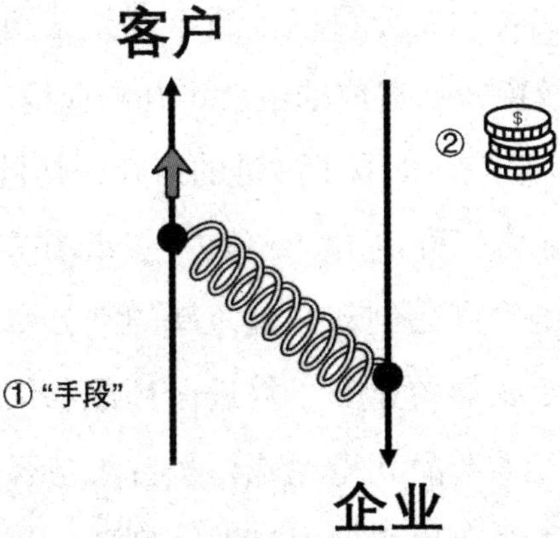

图 11-1 Adobe 转型背后的原因

弹簧连接着这两个点，其张力捕捉并体现了这个过程中可能发生的错位。一个企业越是了解客户的需要和愿望，越是能更好地设计客户的决策过程，理论上它就能为客户提供更多价值。当企业将这些洞见转化为实际的产品和商业行为时，会使弹簧的左侧部分向上方移动。然而，如果盈利模式不能使企业对其卓越价值的承诺负责，那么弹簧的右侧部分就会被“卡”在底部，从而产生浪费。回到 Adobe 的案例中，虽然 Adobe 有能力在 2013 年推出这样的创新流，但当时其所采用的产品所有权模式使得这些产品无法被获取，因此 Adobe 未能有效地扩大销售。

企业有两种选择来缓解弹簧的张力。第一种，它可以减少为取悦客户所做出的努力——减少对理解和满足客户需求和愿望的关注，或者减少对客户决策过程的关注。这显然是行不通的。第二种，企业可以重新审视其盈利模式，思考强制性产品所有权模式所造成的浪费，并相应地改变衡量标准。可以看到，Adobe 最终采取了激进的措施，其目标与我们在本书中所描述的非常一致。Adobe 认为，“市场条件提供了重大机遇……迅速提供产品创新，进入新的细分市场，增加与客户的互动，转变我们的业务以促进循环盈利模式，来加速我们的收入增长”。[4] 产品获得模式，得益于与客户的直接持续互动，可以帮助企业更快地引进数字创新，在市场上击败竞争对手，并更快地收集更多更高质量的客户反馈。

图 11–1 中所显示的错位和由此产生的张力，正是 Adobe 在预见未来时看到的情况。创意云提供的产品获得方面的改进，包括联网优势和云存储赋予的灵活性，为客户创造了如此多的价值，以至于弹簧将承受极大的压力。如果 Adobe 坚持使用出售永久许可证的产品所有权模式，它就会限制住自己的创新能力并继续向客户收费，而这将使 Adobe 几乎不可能及时为客户带来进一步的创新。

Adobe 的例子证明，采用“价值交付”模式是值得的。但做出突然转换盈利模式的选择，并不是缓解弹簧张力情况的唯一可行办法。企业也可以决定让新旧两种模式联合运行一段时间，以便更加平稳地转换其盈利模式。

以更好的方式购买墨盒

如果您也曾在工作中遇到过急需打印一份文件时，打印机里的墨水或墨粉却已用完的窘况，请举起您的手。打印机和墨盒之间的关系，在结构上与本书曾在第 4 章中讨论到的吉列公司所开创的“剃须刀和刀片”模式是一样的。[5] 如同吉列的例子一般，基于按所有权付费的销售墨盒模式，会产生令客户感到失望的产品获得浪费，而在最坏的情况下，客户甚至无法在需要时打印出对应的材料。一直以来，购买墨盒都是一个令人沮丧且不方便的过程，更何况它还很昂贵。

与吉列公司不同的是，惠普公司抓住了主动权，通过推出一项名为“即时墨水”的订阅计划，转变了自己的业务模式。在即时墨水计划下，打印机本身会追踪墨水量，并在需要时自动协助订购墨盒。[6] 月费则根据用户每月打印的页数而定，并支持用户想要打印的任何材料，包括黑白文件、彩色页面或是从用户手机上下载的照片。特别是在照片方面，惠普希望这一计划能使用户更容易及更方便地获得墨盒，从而进一步促进消费。“我们发现，今天人们所拍摄的许多照片都像是被关在数字‘监狱’中，”惠普现任首席执行官恩里克·洛雷斯（Enrique Lores）的发言被援引，“虽然人们用智能手机拍了很多张照片，但却再也没有把它们拿出来过。而我们想要做的，正是将它们释放出来。”[7]

2013 年首次亮相的即时墨水计划，与其他行业旨在扩大产品可获范围的计划有许多共同之处。它有明确的价值主张，并且精准地发现了那些令用户感到沮丧的问题，并为此提供了一个便捷的解决方案。用户不再需要担心何时要替换墨盒，或是急忙跑到办公用品店去购置墨盒。最为关键的是，用于衡量盈利模式的标准不再是所有权，而是时间。事实上，由于订阅用户可以每月结转未打印的页面，即时墨水计划有效地转变成了一种产品使用模式，其衡量标准是已打印的页面数量而不是每月的墨水获得量。

根据一份官方报告，截至 2017 年底，即时墨水计划已吸引了 200 万订阅用户。[8] 在 2019 年 2 月惠普与分析师的财报电话会议上，当时的惠普总裁兼首席执行官迪昂·韦斯勒（Dion Weisler）说，即时墨水计划的订阅用户群“持续着令人印象深刻的增长。我们现在已经在 18 个国家推出该计划，采用率正在持续攀升”。[9] 但惠普与 Adobe 不同，并没有大规模地突然转向即时墨水计划。除了即时墨水计划，需要替换墨盒的客户仍然可以通过诸如到当地零售商店或是网购等老方法买到墨盒。

一般来说，同时运营多种盈利模式会引发两个重要问题。第一，当可以选择时，现有客户会倾向选择任何能让他们过得更好的盈利模式。这可能会提高客户留存率，并最终让企业从竞争对手那里抢走市场份额，但这也意味着会对现有客户的销售造成短期的负面影响，而且很可能会在企业内部产生猝不及防的冲突与摩擦。例如，尽管惠普在推出即时墨水计划时决定维持传统的“按墨盒付费”模式，但如果订阅计划促使现有销售被大量蚕食，会发生什么？这可能会造成不同项目团队之间的敌对，负责墨盒的既定部门可能会质疑新的盈利模式的逻辑，因为它很可能意味着“搬起石头砸自己的脚”。毫无疑问，内部政治是重要且难以避免的，所以必须对其加以重视和管理。既要考虑到给客户提供多种选择的短期后果，又要考虑到向更高效的盈利模式转换的长期利益。在这种权衡中，还需要仔细校准每种盈利模式下向市场与潜在客户所提供的价格，以免引起内部团队间自相残杀的局面。

第二，由于不同的盈利模式导致的效率水平不同，如果假设两种或多种盈利模式不应该无限期地共存，那么，企业应该施行的实际的转换计划是什么？如果企业只考虑到将其赚取收入的衡量标准与客户获取价值的方式保持一致所带来的效率与效益，那么企业要设定的目标就是根据机会的规模需求，尽快从所有权模式中转换出来。但是，企业也必须考虑到实现这一转换的各种成本——包括淘汰旧的盈利模式和引进新模式的实际成本，以及可能会发生的各种机会成本等等。诸如产品的性质（实物与数字）、市场技术变革的步伐以及对客户改变习惯需要多长时间的判断，都可能是需要考量的重要因素。基于此，在惠普的案例中，可以很明显地判断出惠普面临着与 Adobe 截然不同的环境。Adobe 的产品是数字产品，其所面临的技术变革步伐也比惠普快得多，这使它直接和完全转换到创意云是一个合理的举措。但惠普销售的是有形的实物商品，采取对应举措时就显得谨慎稳妥得多。

内部抵抗可能呈现的多重面貌

任何企业，无论其在市场中的地位如何，最终都需要检视其为客户创造的价值与为自己赚取收入的方式之间的差距。通过松缓“弹簧”的张力并逐步使盈利模式与客户期望的结果相一致，以这样的方式来消除浪费的机会很普遍。然而，当涉及重新思考盈利模式时，企业通常会面临相当大的内部阻力——惰性、忽视、短视和害怕改变所构成的危险组合。因此，企业面临的更大挑战往往在于如何找出根本原因，激励高层领导采取行动，然后引领企业完成转型。

艾萨克·牛顿（Isaac Newton）爵士在第一运动定律中对惯性做出了定义，他说：“任何物体都会保持匀速直线运动或静止状态，直到外力迫使它改变运动状态为止。”[10] 如果我们试着从企业战略的角度来改写牛顿的这一定律，那么我们就需要做出两个实质性的改变。每家企业都会保持当前状态或按当前的轨迹发展，直到外部和内部力量的作用迫使它改变状态为止。在商业领域，通常可以帮助企业克服惯性的外部力量是技术。在盈利模式方面，技术正在创造本书在第 2 章首次描述的前所未有的机会。基于此，无论现状正让企业感觉多么安全或舒适，除非企业已有意识地决定解决目前在与客户的交易中存在的低效率问题，否则一切都只是纸上谈兵。

同样地，忽视或完全的短视也会阻碍企业迅速采取行动。这些因素可能导致企业专注于改善现有的但效率较低的流程，而不是努力去思考与重构整个流程。正如亚马逊首席执行官杰夫·贝索斯在其 2016 年致股东的信中所解释的那样："随着企业的规模越来越大，结构越来越复杂，有一种趋势是对管理的关注正在取代对业务的关注。它存在多种形式和可变的规模，既危险，又微妙。"这一评论与本书在第 9 章中引用的"代位"概念有关，以解释质量悖论的根源。但贝索斯比这更进一步，他不仅谈论了指标如何发展到超越它们要衡量的基本目标，还描述了整个过程如何变得吞噬一切。"如果你不注意，流程就会变成结果。流程取代结果的后果就是，企业不再关注结果，而只是确保大家在遵循正确的流程。"[11]

最后，当人们面对像转换盈利模式这样的重大变化时，常见的商业陈词滥调将会卷土重来。许多人会担心风险，因为这一步似乎与"我们一直以来的做事方式"大相径庭。例如，自相残杀的未来是一个重复出现的可以反对该举措的理由。为什么企业要给客户一个少付钱的机会？这不就是我们耳熟能详的"治标不治本"的那句话吗？特别是在病毒式传播的社交媒体时代，一个企业的管理者可能会过度担心客户会如何反应，以及这些变化会如何影响投资界。并且，当一个企业对当前的流程和行为模式感到满意时，这些固有思维将更难被挑战与改变。与不需背负任何历史包袱的初创企业相比，背负着过去的决策与结果的那些企业所面临的阻力更大。

把事情做好

有很多原因导致成熟的企业不愿意或犹豫，是否要召唤改变其盈利模式所需的内部“力量”——此举无异于改变它们在市场上谋生的本质。然而，正如本书在引言中所述，问责制不再是一个时髦的营销口号，它是一种战略要务，企业对盈利模式的选择，决定了它在多大程度上为自己对客户做出的承诺负责。

在本书看来，这种选择很重要，并可以借鉴以下观察的启发：当双方的激励机制一致时，企业和客户之间的交易是最高效的。也就是说，企业可以在定义客户价值的同一维度上获益。任何偏离这一理想的盈利模式都会产生一些浪费，但如果在这一理想的盈利模式上进一步提高效率的成本超过了收益，也可以考虑暂缓对应举措。

因此，对一个企业来说，最好的出发点就是审查现有的盈利模式。在目前的体制下，与客户的交易中最大的浪费来源是什么——产品获得、使用或性能？在回答这个问题时，请记住，这 3 种浪费来源是相互关联的。事实上，本书在前面提到它们是实现客户期望的解决方案或结果的天然检查点。

具体而言，除非这些产品的性能达到预期，否则客户显然无法从通过市场获得的产品或服务中获得价值，而性能本身又取决于使用（客户无法从没有使用过的东西中体会到性能），而使用又取决于获得（客户无法使用或体验他们甚至不曾拥有的东西）。

识别这三者间关系的顺序性是很重要的，因为它们将激励企业追求更高的目标。例如，向产品获得模式的转变是当今盛行的做法。可以想象，摆脱产品所有权模式已经能消除企业和客户之间的交易中所生成的大量低效率。Adobe 对创意云的押注就是一个很好的例子。但是，所谓的会员制经济只是“价值交付”的第一阶段。实际上，企业越是能对更高阶的浪费形式（如产品使用甚至产品性能）承担起责任，意味着其将完全胜任对之前的浪费的管理。这是一个良性的、鼓励企业持续参与高阶“价值交付”的激励机制。

此外，企业还需要及时进行审视并向自己发问：如果根据结果与客户打交道，业务会是什么样子？想象这种情况需要企业具备一定的创造力和适当的视角。当一家企业评判未来的行动方案时，正确的判定基准是什么？虽然在实践中经常出现这种情况，但比较的重点不应该在于现状——只关注于关键财务和商业指标的当前表现。这会给企业带来一种虚假的安全感。相反，企业应该在多种关于未来的假设之间进行比较，将改变盈利模式的可能后果与不作为（即决定维持现有盈利模式）的可能后果进行对比。此外，这种比较所需的合适时间范围并不是短期的。正如 Adobe 所展示的，当其“调整”客户群以适应新的模式时，盈利模式的改变会立即造成负面的影响。事实上，如果将客户数量、收入或利润率等敏感指标上的任何直接下滑，视作企业对更可持续的未来所进行的提前投资，可能会对减轻企业的顾虑有所帮助。

任何以贴近客户以及他们的需求和愿望为荣的企业，如果想把这一战略完全贯彻下去，就需要在某个时候重新审视其盈利模式。只有当企业从其日常工作中退后一步，扛住来自内部流程的压力，并开始质疑自己对客户的承诺和客户实际支付的东西之间的差距时，才可能发现潜在机会：“我们希望在今后的工作中对哪种类型的交易负责？在不久的将来，我们的客户会要求我们对哪种类型的交易负责？”

致谢

在将本书付梓的过程中，我们在不同时期获得了来自不同机构与个人的大力支持与帮助。我们感谢此间参与的所有人，希望致谢名单中我们未在无意间遗漏任何人。

首先，我们要感谢弗兰克·卢比（Frank Luby）。我们在创作过程的早期就有幸认识了弗兰克，当时我们已经大致确定了想要撰写的方向，但想法和理念仍然很粗糙。是弗兰克帮助我们——尽心尽责为我们提供指导——平稳度过了最初的阶段，他是所有作者团队都梦寐以求的最佳陪练伙伴。我们几乎从头到尾都在借鉴参考弗兰克作为顾问、记者和研究人员的相关经验……包括这个致谢部分的内容！他为我们提供了详尽的指导与帮助，可以说，本书的很多内容都得益于他的贡献。

接下来，我们要感谢我们所在的机构——ESADE 商学院和伦敦商学院给我们的鼓励，给我们的自由，让我们去进行宏大的思考。这种自由不容小觑，因为在许多教育机构中，情况可能并非如此——或是至少没有达到同等的支持程度。此外，我们亦万分感谢伦敦商学院的直接经济支持。

不得不提的，还有那些我们曾教过的优秀学生和高管教育项目参与者们，他们来自我们各自所任职的学校，目前散布在世界各个地区，对本书的付梓亦发挥了重要作用。他们不知道的是，他们不知不觉地成为我们的“小白鼠”，因为我们经常把新的或正在构思的想法带到课堂上进行“测试”。更重要的是，与他们就盈利模式、信息技术和其他方面进行的热烈讨论帮助我们完善了本书的论点和示例。没有什么比满屋子好奇、对知识充满热切的人更能让你在撰写过程中不敢懈怠的了。我们感谢这些多元化的读者促使我们认真思考这个课题，并对每个角度或可能性都进行了适当的考虑。

我们还要感谢在成稿过程中贡献个人观点良多的众多合著者与同事：

埃亚尔·比亚洛戈尔斯基（Eyal Biyalogorsky）、西蒙娜·博蒂（Simona Botti）、巴特·德·朗格（Bart de Langhe）、普雷亚斯·德赛（Preyas Desai）、克里斯汀·迪

尔（Kristin Diehl）、苏尼尔·古普塔（Sunil Gupta）、丹尼尔·哈尔比尔（Daniel Halbheer）、布鲁斯·哈迪（Bruce Hardie）、拉吉夫·科利（Rajeev Kohli）、安雅·兰布雷希特（Anja Lambrecht）、娜塔莉·米兹克（Natalie Mizik）、埃利·奥菲克（Elie Ofek）、德布·普罗希特（Debu Purohit）、纳德·塔瓦索里（Nader Tavassoli）、纳菲尔·维尔卡西姆（Naufel Vilcassim），以及卢克·瓦蒂厄（Luc Wathieu）。我们做了无数次回顾，将对和你们进行的与本书内容相关的讨论都凝结为我们的思考并写进了本书。此外，我们要感谢每年参加定价研讨会的所有学者，这个研讨会是我们与路德维希－马克西米利安－慕尼黑大学的马丁·斯潘（Martin Spann）共同组织的。本书的部分内容最初是在首届研讨会上提出的。

正如许多教育界人士帮助我们完善了本书所提及的理论一样，马克·比里奇（Mark Billige）、玛丽克·弗兰特（Marieke Flament）、卡洛·加利亚尔迪（Carlo Gagliardi）、亚伦·科佩尔（Yaron Kopel）、大卫·兰斯菲尔德（David Lancefield）、罗伯特·马奎尔（Robert Maguire）、阿马迪斯·佩茨克（Amadeus Petzke）和托德·斯内尔格罗夫（Todd Snelgrove）等了不起的专业人士确保了本书内容能够脚踏实地，让我们的想法能与现实匹配并服务于现实。他们的指导在本书的第三部分体现得尤其明显，在这部分中，我们概述了企业在越来越注重问责制的市场中能够取得成功的关键举措。

我们还要感谢丹尼·斯特恩（Danny Stern）、阿尼娅·特泽皮祖尔（Ania Trzepizur）以及斯特恩战略集团（Stern Strategy Group）的所有人，是他们建议我们将构思的想法写成一本书，并寻找志同道合的出版社与我们合作，以支持和弥补我们的不足。出版业对我们来说是一个全新的世界，希望这次合作能为未来的更多合作打开契机。

在这方面，我们想要感谢麻省理工学院出版社的艾米丽·泰伯（Emily Taber）为本书提供的帮助。她从一开始就明白我们想表达什么观点，以及为什么这对企业来说很重要。同样重要的是，我们还要感谢她的坚定支持。整个过程中，艾米丽对书稿的反馈非常迅速且富有建设性，更重要的是，她的意见都非常正确。我们都很高兴与她合作，并期待再度携手，共创佳绩。

最后，但也非常重要的是，我们衷心地感谢我们各自的家人。他们对我们充满了爱与耐心，在我们需要的时候，可以无缝地在支持者、贡献者或严厉的批评者等角色之间转换。从本书的构思到您现在手捧着它，中间的过程可能比预期要久一些，但希望它是值得被等待的！

参考文献

第1章

1. D. Thompson, "The History of Sears Predicts Nearly Everything Amazon Is Doing," The Atlantic, September 25, 2017, https://www.theatlantic.com/business/archive/2017/09/sears-predicts-amazon/540888/.

2. Thompson, "The History of Sears Predicts Nearly Everything Amazon Is Doing."

3. A. Kharpal, "Alibaba Breaks Singles Day Record with More Than $38 Billion in Sales," CNBC, November 11, 2019, https://www.cnbc.com/2019/11/11/alibaba-singles-day-2019-record-sales-on-biggest-shopping-day.html; see also M. Kaplan, "Alibaba's 2019 Singles Day: $38 Billion; 200,000 Brands; 78 Countries," Practical Ecommerce, November 14, 2019, https://

www.practicalecommerce.com/alibabas-2019-singles-day-38-4-billion-200000-brands-78-countries.

4. A. Selyukh, "Long Kept Secret, Amazon Says Number of Prime Customers Topped 100 Million," NPR, The Two Way (blog), April 18, 2018, https://www.npr.org/sections/thetwo-way/2018/04/18/603750056/long-kept-secret-amazon-says-number-of-prime-customers-topped-100-million.

5. Amazon, "Alexa, How Was Prime Day? Prime Day 2019 Surpassed Black Friday and Cyber Monday Combined," press release, July 17, 2019, https://press.aboutamazon.com/news-releases/news-release-details/alexa-how-was-prime-day-prime-day-2019-surpassed-black-friday.

6. A. Smith, An Inquiry into the Nature and Causes of the Wealth of Nations (Chicago: University of Chicago Press, 2008), Kindle, 6.

7. Smith, An Inquiry into the Nature and Causes of the Wealth of Nations, 6.

8. "Henry Ford: The Man Who Taught America How to Drive," Entrepreneur, October 8, 2008, https://www.entrepreneur.com/article/197524.

9. "Henry Ford."

10. P. Vlaskovits, "Henry Ford, Innovation, and That 'Faster

Horse' Quote," Harvard Business Review, August 29, 2011, https://hbr.org/2011/08/henry-ford-never-said-the-fast.

11. "Guru: Alfred Sloan," The Economist, January 30, 2009, https://www.economist.com/news/2009/01/30/alfred-sloan.

12. K. Marr, "Toyota Passes GM as World's Largest Automaker," Washington Post, January 22, 2009, http://www.washingtonpost.com/wp-dyn/content/article/2009/01/21/AR2009012101216.html?noredirect=on.

13. "Annual Model Change Was the Result of Affluence, Technology, Advertising: Roaring Twenties Made It Clear That People Were Buying Status and Novelty, Not Just a Ride," Automotive News, September 14, 2008, http://www.autonews.com/article/20080914/OEM02/309149950/annual-model-change-was-the-result-of-affluence-technology-advertising.

14. "Annual Model Change Was the Result of Affluence, Technology, Advertising."

15. V. Howard, "The Rise and Fall of Sears," Smithsonian Magazine, July 25, 2017, https://www.smithsonianmag.com/history/rise-and-fall-sears-180964181/.

16. Z. Meyer, "Timeline: Sears' Rise and Fall as Nation's Top Retailer," USA Today, March 22, 2017, https://www.usatoday.com/story/money/business/2017/03/22/sears-timeline/99488226/.

17. “Creating Mass Markets: Mass Distribution,” from Railroads: The Transformation of Capitalism exhibition and catalogue, Harvard Business School Historical Collections, 2012, https://www.library.hbs.edu/hc/railroads/mass-distribution.html.

18. Howard, “The Rise and Fall of Sears.”

19. E. McClelland, “Sears Is Dying: What the Ubiquitous Store’s Death Says about America,” Salon, April 13, 2014.

20. L. H. Jenks, “Railroads as an Economic Force in American Development,” The Journal of Economic History 4, no. 1 (May 1944): 1–20.

21. M. McLuhan, Understanding Media: The Extensions of Man (Berkeley, CA: Gingko Press, [1964] 2002), Kindle, 113.

22. C. Sandburg, “Chicago” in Poetry (Poetry Foundation, 1914), https://www.poetryfoundation.org/poetrymagazine/poems/12840/chicago.

23. City of Chicago, “Chicago History,” https://www.cityofchicago.org/city/en/about/history.html, accessed June 5, 2019.

24. “U. S. Ton-Miles of Freight,” National Transportation Statistics, 2018 4th Quarter (U.S. Department of Transportation, Bureau of Transportation Statistics, 2018), https://www.bts.gov/content/us-ton-miles-freight, accessed April 13, 2020.

25. McLuhan, Understanding Media, 352.

26. S. Mintz and S. McNeil, "The Rise of Mass Communication," Digital History, 2018, http://www.digitalhistory.uh.edu/disp_textbook.cfm?smtID=2&psid=3315, accessed November 18, 2019.

27. J. L. Cruikshank and A. W. Schultz, The Man Who Sold America: The Amazing (but True!) Story of Albert D. Lasker and the Creation of the Advertising Century (Boston: Harvard Business Review Press, 2010), Kindle, 247.

28. C. Hopkins, My Life in Advertising and Scientific Advertising (New York: McGraw-Hill Education, Advertising Age Classics Library, 1966), Kindle, 224.

29. Hopkins, My Life in Advertising and Scientific Advertising, 229.

30. "Gallup Research," AdAge, September 15, 2003, https://adage.com/article/adage-encyclopedia/gallup-research/98482/.

31. Gallup, "Recognized as One of the World's Most Influential Americans. George H. Gallup, Founder|1901–1984," https://www.gallup.com/corporate/178136/george-gallup.aspx, accessed June 5, 2019.

32. P. F. Drucker, Management: Tasks, Responsibilities, Practices (New York: HarperCollins, 1993), Kindle, 64.

33. R. Reeves, Reality in Advertising (New York: Widener Classic, [1961]2015).

34. Amazon, “About Amazon,” https://www.aboutamazon.com/?utm_source=gateway&utm_medium=footer, accessed February 8, 2020.

35. IKEA, “Vision & Business Idea,” https://www.ikea.com/gb/en/this-is-ikea/about-the-ikea-group/vision-and-business-idea/, accessed June 5, 2019.

36. D. Ogilvy, The Unpublished David Ogilvy (London: Profile Books, 2012), 87.

37. “John Wanamaker,” from Who Made America?, PBS, https://www.pbs.org/wgbhtheymadeamerica/whomade/wanamaker_hi.html, accessed June 5, 2019.

38. J. Surowiecki, “The Priceline Paradox,” New Yorker, May 22, 2000, 34.

第2章

1. PhRMA, “Biopharmaceutical Research & Development: The Process behind New Medicines,” 2015, http://phrma-docs.phrma.org/sites/default/files/pdf/rd_brochure_022307.pdf.

2. U. S. Food and Drug Administration, “FDA Approves Pill with Sensor That Digitally Tracks if Patients Have Ingested Their

Medication," FDA news release, November 13, 2017, https://www.fda.gov/newsevents/newsroom/pressannouncements/ucm584933.htm.

3. U. S. Food and Drug Administration, "FDA Approves Pill with Sensor That Digitally Tracks if Patients Have Ingested Their Medication."

4. Volkswagon UK, "Warranty," https://www.volkswagen.co.uk/owners/warranty.com, accessed October 16, 2019.

5. F.F. Reichheld, "The One Number You Need to Grow," Harvard Business Review, December 2003, https://hbr.org/2003/12/the-one-number-you-need-to-grow.

6. J. Aguilar, "'Data Is the New Asphalt': High-tech Colorado Road Test to Be First of Its Kind in the U. S., May Improve Traffic and Save Lives," Denver Post, May 30, 2018, https://www.denverpost.com/2018/05/30/us-285-smart-pavement-technology/.

7. J. B. Snyder, "New Tesla Features Make Car Sharing Easier," Autoblog, August 21, 2017, https://www.autoblog.com/2017/08/21/new-tesla-model-3-features-carsharing-smartphone-app-key-card/.

8. A. Jardine, ""Thanks 2016, It's Been Weird," Says Spotify in Biggest-Ever Global Campaign," AdAge, November 28, 2016, https://adage.com/creativity/work/thanks-2016/50063.

9. United States Security and Exchanges Commission, Spotify Form 20-F filing, 2018, https://www.sec.gov/Archives/edgar/data/1639920/000156459019002688/ck0001639920-20f_20181231.htm.

10. Capgemini, "Marketers Must Leverage the Power of Insight-driven Personalization and Use a Predictive or Prescriptive Approach to Understand the Needs and Desires of Customers," Creating a Segment of One, June 20, 2018, https://www.capgemini.com/2018/06/creating-a-segment-of-one/.

11. A. Galkin, "Retail Switch: From Generalization to Hyper-Personalization," Forbes, June 25, 2018, https://www.forbes.com/sites/forbestechcouncil/2018/06/25/retail-switch-from-generalization-to-hyper-personalization/#3a0682736bc0.

12. Gallup, "Recognized as One of the World's Most Influential Americans. George H. Gallup, Founder|1901–1984," https://www.gallup.com/corporate/178136/george-gallup.aspx, accessed October 16, 2019.

13. B. Harper, "A Look at Ford's Vision of the Future: Cars Connected to Everything," Driving, August 16, 2018, https://driving.ca/ford/auto-news/news/a-look-at-fords-vision-of-the-future-cars-connected-to-everything.

14. Ericsson, "Digital Transformation and the Connected Car," Next Stop: Smarter Cars, November 2016, https://www.ericsson.com/en/mobility-report/digital-transformation-and-the-connected-car.

第3章

1. N. Koukakis, "Shocking Truth: 20% of Health-care Expenditures Wasted in US and Other Nations," CNBC, January 13, 2007, https://www.cnbc.com/2017/01/12/shocking-truth-20-of-health-care-expenditures-wasted-in-us-and-other-nations.html; Business Wire, "Amazon, Berkshire Hathaway and JPMorgan Chase & Co. to Partner on U.S. Employee Healthcare," news release, January 30, 2018, https://www.businesswire.com/news/home/20180130005676/en/Amazon-Berkshire-athaway-JPMorgan-Chase-partner-U.S.

2. Business Wire, "Amazon, Berkshire Hathaway and JPMorgan Chase & Co. to Partner on U.S. Employee Healthcare," news release, January 30, 2018, https://www.businesswire.com/news/home/20180130005676/en/Amazon-Berkshire-Hathaway-JPMorgan-Chase-partner-U.S.

3. INRIX, "Los Angeles Tops INRIX Global Congestion Ranking," news release, February 5, 2018, http://inrix.com/press-

releases/scorecard-2017/.

4. D. Morris, "Today's Cars Are Parked 95% of the Time," Fortune, March 13, 2016, http://fortune.com/2016/03/13/cars-parked-95-percent-of-time/.

5. A. Long, "Urban Parking as Economic Solution," International Parking Institute (December 2013), 42–45, https://www.parking.org/wp-content/uploads/2016/01/TPP-2013-12-Urban-Parking-as-Economic-Solution.pdf.

6. T. Higgins, "The End of Car Ownership," Wall Street Journal, June 20, 2017, https://www.wsj.com/articles/the-end-of-car-ownership-1498011001.

7. L. Johnson, "Digital Advertising Is Facing Its Ultimate Moment of Truth and Billions of Dollars Are at Stake," Adweek, September 4, 2017, http://www.adweek.com/digital/digital-advertising-is-facing-its-ultimate-moment-of-truth-and-billions-of-dollars-are-at-stake/.

8. U.S. Department of Education, "The Federal Role in Education," May 25, 2017, https://www2.ed.gov/about/overview/fed/role.html.

9. National Public Radio, "Can More Money Fix America's Schools," All Things Considered, April 25, 2016, https://www.npr.org/sections/ed/2016/04/25/468157856/can-more-money-fix-

americas-schools.

10. B. Caplan, The Case against Education: Why the Education System Is a Waste of Time and Money (Princeton, NJ: Princeton University Press, 2018), back cover flap.

11. T. Levitt, as quoted in A. Gallo, "A Refresher on Marketing Myopia," Harvard Business Review, August 22, 2016, https://hbr.org/2016/08/a-refresher-on-marketing-myopia.

12. P. F. Drucker, Managing for Results (New York: HarperCollins e-books, 2009), Kindle, 94.

13. OECD Health Division, Tackling Wasteful Spending on Health (Paris: OECD Publishing, 2017), https://www.oecd.org/els/health-systems/Tackling-Wasteful-Spending-on-Health-Highlights-revised.pdf.

14. L. S. Dafny and T. H. Lee, "Health Care Needs Real Competition," Harvard Business Review, December 2016, https://hbr.org/2016/12/health-care-needs-real-competition; emphasis added.

15. J. Clawson, P. Lawyer, C. Schweizer, and S. Larsson, "Competing on Outcomes: Winning Strategies for Value-Based Health Care," Boston Consulting Group, January 16, 2014, https://www.bcg.com/publications/2014/health-care-payers-providers-biopharma-competing-on-outcomes-winning-strategies-for-value-

based-health-care.aspx.

16. Clawson et al., “Competing on Outcomes.”

17. W. Buffett and J. Bezos, as quoted in Business Wire, “Amazon, Berkshire Hathaway and JPMorgan Chase & Co. to Partner on U.S. Employee Healthcare,” news release, January 30, 2018, https://www.businesswire.com/news/home/20180130005676/en/Amazon-Berkshire-Hathaway-PMorgan-Chase-partner-U.S., accessed April 13, 2020.

第4章

1. A. Sorkin and S. Lohr, “Procter Said to Reach a Deal to Buy Gillette in $55 Billion Accord,” New York Times, January 28, 2005, https://www.nytimes.com/2005/01/28/business/procter-said-to-reach-a-deal-to-buy-gillette-in-55-billion-accord.html; N. Deogun, C. Forelle, D. K. Berman, and E. Nelson, “P&G to Buy Gillette for $54 Billion,” Wall Street Journal, January 28, 2005, https://www.wsj.com/articles/SB110687225259838788.

2. S. Terlep, “Gillette, Bleeding Market Share, Cuts Prices of Razors,” Wall Street Journal, April 4, 2007, https://www.wsj.com/articles/gillette-bleeding-market-share-cuts-prices-of-razors-1491303601.

3. T. Heath, “How Hipster Brands Have the King of Razors

on the Run," Washington Post, April 5, 2017, https://www.washingtonpost.com/business/capitalbusiness/how-hipster-brands-have-the-king-of-razors-on-the-run/2017/04/05/edca3af6-1a27-11e7-9887-1a5314b56a08_story.html?utm_term=.0d1c2e6e6ffd.

4. C. Isidore, "P&G to Buy Gillette for $57B," CNN Money, January 28, 2005, https://money.cnn.com/2005/01/28/news/fortune500/pg_gillette/.

5. B. Jopson, "Procter & Gamble: Time to Freshen Up," Financial Times, July 28, 2013, https://www.ft.com/content/e1782cc4-e95a-11e2-9f11-00144feabdc0.

6. J. Trop, "How Dollar Shave Club's Founder Built a $1 Billion Company That Changed the Industry," Entrepreneur, March 28, 2017, https://www.entrepreneur.com/article/290539.

7. J. Neff, "Why P&G's $57 Billion Bet on Gillette Hasn't Paid Off Big—Yet," AdAge, February 15, 2010, https://adage.com/article/news/marketing-p-g-s-57-billion-bet-gillette-years/142116/.

8. Neff, "Why P&G's $57 Billion Bet on Gillette Hasn't Paid Off Big."

9. J. Trop, "How Dollar Shave Club's Founder Built a $1 Billion Company that Changed the Industry," Entrepreneur, March 28, 2017, https://www.entrepreneur.com/article/290539.

10. B. Booth, "What Happens When a Business Built on

Simplicity Gets Complicated? Dollar Shave Club's Founder Michael Dubin Found Out," CNBC, March 24, 2019, https://www.cnbc.com/2019/03/23/dollar-shaves-dubin-admits-a-business-built-on-simplicity-can-get-complicated.html; M. Isaac and M. J. de la Merced, "Dollar Shave Club Sells to Unilever for $1 Billion," New York Times, July 20, 2016, https://www.nytimes.com/2016/07/20/business/dealbook/unilever-dollar-shave-club.html.

11. Terlep, "Gillette, Bleeding Market Share, Cuts Prices of Razors."

12. Harry's, "Our Story," https://www.harrys.com/en/us/our-story, accessed April 13, 2020.

13. J. Koblin, "Investors Bet Big on Harry's, The Warby Parker of Shaving," New York Times, December 3, 2014, https://www.nytimes.com/2014/12/04/style/investors-bet-big-on-harrys-the-warby-parker-of-shaving.html.

14. Trish Christoffersen, "Our Common Core: Create Fun and a Little Weirdness," Zappo's, https://www.zappos.com/about/core-values-three, accessed October 21, 2019.

15. A. Massoudi, "Unilever Buys Dollar Shave Club for $1bn," Financial Times, July 20, 2016, https://www.ft.com/content/bd07237e-4e45-11e6-8172-e39ecd3b86fc.

16. S. Terlep, “Dollar Shave Club’s $1 Billion Deal: A Victory for Simplicity over Technology,” Wall Street Journal, July 20, 2016, https://www.wsj.com/articles/dollar-shave-clubs-1-billion-deal-a-victory-for-simplicity-over-technology-1469044731.

17. P. Sisson, “Self-Storage: How Warehouses for Personal Junk Became a $38 Billion Industry,” Curbed, March 27, 2018, https://www.curbed.com/2018/3/27/17168088/cheap-storage-warehouse-self-storage-real-estate.

18. H. Simon, Confessions of the Pricing Man (New York: Springer, 2006), 91–92.

19. B. Atwood, “The History of the Music Industry’s First-Ever Digital Single for Sale, 20 Years after Its Release, Billboard, September 13, 2007, https://www.billboard.com/articles/business/7964771/history-music-industry-first-ever-digital-single-20-years-later.

20. Goldman Sachs, “Music in the Air: Streaming Drives Industry Comeback,” Insights, December 12, 2006, https://www.goldmansachs.com/insights/pages/music-in-the-air.html.

21. A. Newcomb, “Spotify Trounces Apple Music in Competition for Streaming Music Service Paid Subscribers,” Fortune, February 6, 2019, http://fortune.com/2019/02/06/spotify-apple-music-paid-subscribers-streaming-music-service/.

22. Warner Music Group, "Warner Music Group Reports Results for Fiscal Fourth Quarter and Full Year Ended September 30, 2018," news release, December 20, 2018, http://www.wmg.com/news/warner-music-group-corp-reports-results-fiscal-fourth-quarter-and-full-year-ended-september-3-5.

23. M. Singleton, "Apple Announces New Apple Music App, Replacing iTunes, at WWDC 2019," Billboard, June 3, 2019, https://www.billboard.com/articles/business/8514115/apple-announces-new-music-app-replacing-itunes-wwdc-2019.

24. L. Thomas, "Gillette One Ups Dollar Shave Club with On-Demand Razor Ordering Service Where You Text to Order," CNBC, May 9, 2017, https://www.cnbc.com/2017/05/09/gillette-one-ups-dollar-shave-club-with-on-demand-razor-ordering-service-where-you-text-to-order.html.

25. Gillette, https://gillette.com/, accessed February 8, 2020.

26. Gillette, https://www.gillette.co.uk/blog/subscriptions/how-gillettes-subscription-work/, accessed February 8, 2020.

27. M. Isaac and de la Merced, "Dollar Shave Club Sells to Unilever for $1 Billion."

28. Dollar Shave Club, https://www.dollarshaveclub.com/, accessed June 6, 2019.

29. M. Malamut, "Why Are Razors So Darn Expensive?,"

Boston Magazine, August 9, 2013, https://www.bostonmagazine.com/health/2013/08/09/why-are-razors-so-expensive/.

30. J. M. Izaret, N. Hunke, J. Pineda, F. Fabbri, and W. Chia, "Cloudified Pricing—Coming to an Industry Near You," Boston Consulting Group, May 24, 2018, https://www.bcg.com/publications/2018/cloudified-pricing-coming-industry-near-you.aspx.

31. J. Hagel, J. S. Brown, M. Wooll, and A. de Maar, "Align Price with Use," Deloitte, February 13, 2016, https://www2.deloitte.com/insights/us/en/focus/disruptive-strategy-patterns-case-studies/disruptive-strategy-usage-based-pricing.html#endnote-sup-3.

32. AWS, "Slack Case Study," https://aws.amazon.com/solutions/case-studies/slack/, accessed April 13, 2020.

33. M. Helft, "Netflix to Deliver Movies to the PC," New York Times, January16, 2007, https://www.nytimes.com/2007/01/16/technology/16netflix.html.

34. AWS, "Netflix Case Study," https://aws.amazon.com/solutions/case-studies/netflix/, accessed June 6, 2019.

35. Rent the Runway, https://www.renttherunway.com/, accessed April 13, 2020.

36. S. Maheshwari, "Rent the Runway Now Valued at $1

Billion with New Funding," New York Times, March 21, 2019, https://www.nytimes.com/2019/03/21/business/rent-the-runway-unicorn.html.

37. Rent the Runway, "Pick a Plan," https://www.renttherunway.com/plans?act_type=top_nav_anon_gated_t3, accessed February 8, 2020.

38. M. Colias, "GM Tries a Subscription Plan for Cadillacs—A Netflix for Carsat $1500 per month," Wall Street Journal, March 19, 2017, https://www.wsj.com/articles/gm-tries-a-subscription-plan-for-cadillacsa-netflix-for-cars-at-1-500-a-month-1489928401?mod=article_inline.

39. "What Are Car Subscription Services?," Edmunds, January 8, 2019, https://www.edmunds.com/car-leasing/what-are-car-subscription-services.html.

40. B. Howard, "GM Halts Pricey Book by Cadillac Car Swap Subscription Plan," Extremetech.com, November 5, 2018, https://www.extremetech.com/extreme/280107-gm-halts-pricey-book-by-cadillac-car-swap-subscription-plan.

41. Pernod Ricard, "Pernod Ricard's Breakthrough Innovation Group Unveils Opn at CES," news release, January 4, 2017, https://www.pernod-ricard.com/en/media/press-releases/pernod-

ricards-breakthrough-innovation-group-unveils-opn-ces-0/.

42. Iryna, "Pernod Ricard: Digitizing the World of Premium Drinks," Digital Innovation and Transformation (blog), Harvard Business School, April 22, 2018, https://digit.hbs.org/submission/pernod-ricard-digitalizing-the-world-of-premium-drinks/.

第5章

1. D. Waldstein, "A Bloody Finger Sidelines Trevor Bauer Early, But the Indians Barely Flinch," New York Times, October 18, 2006, https://www.nytimes.com/2016/10/18/sports/baseball/cleveland-indians-toronto-blue-jays-trevor-bauer-alcs.html.

2. D. Sheinin, "A Man and His Drone: Indians' Pitcher Trevor Bauer Marshals Eccentricities," Washington Post, October 16, 2016, https://www.washingtonpost.com/sports/nationals/a-man-and-his-drone-indians-pitcher-trevor-bauer-marshals-eccentricities/2016/10/16/35f6e430-93de-11e6-bc79-af1cd3d2984b_story.html?utm_term=.a5453ac41b57.

3. J. Spero and D. Bond, "Can Airports Ever Make Themselves Safe from Drones?," Financial Times, January 10, 2019, https://www.ft.com/content/df78e80c-1413-11e9-a581-4ff78404524e.

4. "UK Insurtech Flock Launches Pay-As-You-FlyDrone

Insurance," Insurance Journal, March 13, 2018, https://www.insurancejournal.com/news/international/2018/03/13/483092.htm.

5. "Huge Volumes of Data Make Real-time Insurance a Possibility," Economist, September 21, 2017, https://www.economist.com/finance-and-economics/2017/09/21/huge-volumes-of-data-make-real-time-insurance-a-possibility.

6. E. L. Klinger, "How to Insure a Flying Robot," LinkedIn, October 25, 2017, https://www.linkedin.com/pulse/how-insure-flying-robot-ed-leon-klinger/.

7. Flock, "Simpler, Smarter Drone Insurance," https://flockcover.com/, accessed April 13, 2020.

8. Flock, "Flock's Data Insights Part One: Pilots Really Do Fly Safer with Flock," October 15, 2018, https://blog.flockcover.com/flocks-data-insights-part-one-pilots-really-do-fly-safer-with-flock-40391adb7c26.

9. Flock, "Introducing: Recreational Drone Insurance for the Price of a Coffee," May 28, 2018, https://blog.flockcover.com/introducing-recreational-drone-insurance-for-the-price-of-a-coffee-47530dc4720f.

10. "Huge Volumes of Data Make Real-time Insurance a Possibility," Economist, September 21, 2017, https://www.economist.com/finance-and-economics/2017/09/21/huge-volumes-

of-data-make-real-time-insurance-a-possibility.

11. “Huge Volumes of Data Make Real-Time Insurance a Possibility.”

12. J. Willcox, “Cord Cutting Continues, Fueled by High Cable Pricing, Consumers Reports’ Surveys Finds,” Consumer Reports, September 17, 2019, https://www.consumerreports.org/phone-tv-internet-bundles/people-still-dont-like-their-cable-companies-telecom-survey/.

13. R. Molla, “The History of Netflix Price Increases in a Single Chart,” Vox, January 16, 2019, https://www.vox.com/2019/1/16/18185174/netflix-price-increase-subscription-chart-original-content-streaming.

14. YouTube TV and HBO, sign-up pages, https://tv.youtube.com/welcome/ and https://www.hbo.com/ways-to-get, prices effective as of February 8, 2020.

15. A. Pressman, “How Cord Cutting Is Driving Big Changes Across the Media Landscape,” Fortune, June 5, 2019, http://fortune.com/2019/06/05/cord-cutting-netflix-apple-pwc/.

16. J. Fox, “How to Succeed in Business by Bundling—and Unbundling,” Harvard Business Review, June 24, 2014, https://hbr.org/2014/06/how-to-succeed-in-business-by-bundling-and-unbundling.

17. Apple, "iTunes Store Sets New Record with 25 Billion Songs Sold," news release, February 6, 2013, https://www.apple.com/newsroom/2013/02/06iTunes-Store-Sets-New-Record-with-25-Billion-Songs-Sold/.

18. C. Kitchener, "Doing Dishes Is the Worst," Atlantic, April 3, 2018, https://www.theatlantic.com/family/archive/2018/04/doing-dishes-is-the-worst/557087/.

19. Winterhalter Company Presentation 2017, Prezi, updated July 24, 2019, https://prezi.com/6ku90zjxjqre/winterhalter-company-presentation-2017/.

20. "No Investment, Zero Risk, Pay Per Wash," Winterhalter, https://www.pay-per-wash.biz/int_en/, accessed April 13, 2020.

21. "No Investment, Zero Risk, Pay Per Wash," Winterhalter UK, http://www.pay-per-wash.biz/uk_en/, accessed April 13, 2020.

22. H. Simon, F. Bilstein, and F. Luby, Manage for Profit. Not for Market Share (Cambridge, MA: Harvard Business School Publishing, 2006), 51–52.

23. Winterhalter Company, "70 Years of Winterhalter," news release, FCSI, August 20, 2017, https://www.fcsi.org/industry/products/70-years-winterhalter/.

24. Winterhalter Company Presentation 2017.

25. G. Crossan, S. Hupfer, J. Loucks, and G. Srinivasan,

"Accelerating Agility with Everything-as-a-Service," Deloitte, September 17, 2018, https://www2.deloitte.com/insights/us/en/industry/telecommunications/everything-as-a-service-xaas-flexible-consumption-models.html.

26. Crossan et al., "Accelerating Agility with Everything-as-a-Service."

27. R. Wilson, "HE Payne Opt for Michelin EFFITIRESTM Programme," Commercial Tyre Business, September 11, 2018, https://www.commercialtyrebusiness.com/latest-news/posts/2018/september/he-payne-signs-up-to-michelin-effitires-policy/.

28. Michelin, "Michelin Solutions Go-Ahead with EFFITIRESTM Extension,"news release, September 27, 2016, https://news.cision.com/michelin-solutions/r/michelin-solutions-go-ahead-with-effitires--extension,c2087888.

29. Michelin, Michelin America's Truck Tires, https://www.michelintruck.com/, accessed April 13, 2020.

30. World Economic Forum, "Michelin Solutions," Digital Transformation, http://reports.weforum.org/digital-transformation/michelin-solutions/?doing_wp_cron=1557721029.2728700637817382812500.

31. Michelin, "Services and Solutions," https://www.michelin.com/en/activities/related-services/services-and-solutions/, accessed

April 13, 2020.

32. “Michelin Acquires a Telematics Company, and 7,000 Fleet Customers,” Modern Tire Dealer, June 14, 2017, https://www.moderntiredealer.com/news/722889/michelin-acquires-a-telematics-company-and-7-000-fleet-customers.

33. B. Straight, “From a Tire Company to an Innovative Solutions Provider, Michelin Grows Its Legacy,” FreightWaves, June 1, 2018, https://www.freightwaves.com/news/technology/michelin-is-no-longer-just-a-tire-company.

34. K. Wong, “How to Become a Digital Nomad,” New York Times, February 27, 2019 https://www.nytimes.com/2019/02/27/travel/how-to-become-a-digital-nomad.html.

35. H. Meyer and B. Katz, “At Ziferblat, It’s Pay by the Minute,” Bloomberg Businessweek, May 14, 2015, https://www.bloomberg.com/news/articles/2015-05-14/ziferblat-moscow-pay-by-the-minute-cafe-opens-franchises-abroad.

36. S. Bains, “Pay-per-minute Café Ziferblat Offering Unlimited Free Food and Drink Is Coming to Birmingham,” Birmingham Live, July 16, 2018, https://www.birminghammail.co.uk/whats-on/food-drink-news/pay-per-minute-cafe-ziferblat-14896165.

37. Snakes and Lattes, “Contact,” https://www.

snakesandlattes.com/contact/#about, accessed April 13, 2020.

38. Snakes and Lattes, “Contact”; L. Ipsum, “Snakes & Lattes Is Opening a Third Board Game Café in Toronto,” Daily Hive, April 5, 2017, https://dailyhive.com/toronto/snakes-lattes-board-game-cafe-midtown-toronto-2017.

39. C. Lieber, “The Share Economy Is Coming for Your Closet,” Vox, October 16, 2018, https://www.vox.com/the-goods/2018/10/16/17983756/fashion-rentals-rent-the-runway-tulerie-armarium.

40. Tulerie, https://www.tulerie.com/, accessed June 6, 2019.

41. SpotHero, “Frequently Asked Questions,” https://spothero.com/faq/, accessed June 6, 2019.

42. TaskRabbit, https://www.taskrabbit.com/, accessed June 6, 2019.

43. Trringo, https://www.trringo.com/, accessed June 6, 2019.

44. PwC, “Europe’s Five Key Sharing Economy Sectors Could Deliver €570 Billion by 2025,” news release, 2016, https://www.pwc.com/hu/en/pressroom/2016/sharing_economy_europe.html.

45. Z. Yiran, “Sunny Days Ahead for Sharing Economy Firms as Transaction Volumes Rise,” China Daily, March 15, 2019, http://global.chinadaily.com.cn/a/201903/15/

WS5c8b1018a3106c65c34eece0.html.

46. Yiran, “Sunny Days Ahead for Sharing Economy Firms as Transactions Volumes Rise.”

47. M. Cliffe, “European ‘Sharing Economy’ Tipped for Rapid Growth,” ING, https://www.ingwb.com/insights/articles/european-sharing-economy-tipped-for-rapid-growth, accessed April 13, 2020.

第6章

1. “Glassworks Project ‘Pay Per Laugh’ Wins 8 Lions at Cannes,” Little Black Book, 2014, https://lbbonline.com/news/glassworks-project-pay-per-laugh-wins-8-lions-at-cannes/; “Teatreneu—Pay Per Laugh,” Clio Awards, 2015, https://clios.com/awards/winner/public-relations/teatreneu/pay-per-laugh-1214.

2. “Teatreneu—‘Pay Per Laugh,’” Adforum, https://www.adforum.com/creative-work/ad/player/34498880/pay-per-laugh/teatreneu, accessed April 13, 2020.

3. D. Basulto, “An Innovative New Payment Model That’s No Laughing Matter,” Washington Post, October 14, 2014, https://www.washingtonpost.com/news/innovations/wp/2014/10/14/an-innovative-new-payment-model-thats-no-laughing-matter/.

4. “Fact Sheet: Audiences,” Shakespeare’s Globe Theatre, https://teach.shakespearesglobe.com/fact-sheet-audiences; L. Clark, “Evidence of a Seating Plan Discovered at the Colosseum,” Smithsonian, January 26, 2015, https://www.smithsonianmag.com/smart-news/please-find-your-seats-evidence-seating-plan-discovered-colosseum-180954023/.

5. E. Çano, R. Coppola, E. Gargiulo, M. Marengo, and M. Morisio, “Mood-Based On-Car Music Recommendations,” Lecture Notes of the Institute for Computer Sciences 188 (2016): 154–163.

6. J. White, “A Car That Takes Your Pulse,” Wall Street Journal, November 28, 2012, https://www.wsj.com/articles/SB10001424127887324352004578131083891595840.

7. K. Fitchard, “Forget Apps, Ford’s OpenXC Project Will Produce Open-Source Car Hardware,” GigaOm (blog), January 10, 2013, https://gigaom.com/2013/01/10/forget-apps-fords-openxc-project-will-produce-open-source-car-hardware/.

8. G. Peoples, “The Growing Cost of Music’s Monthly $9.99 Price Tag,” Billboard, September 20, 2019, https://www.billboard.com/articles/business/8530616/music-streaming-prices-competition-subscribers.

9. “Driver Health Monitoring,” MIT Technology Review,

March 1, 2018, https://insights.techreview.com/7-breakthrough-car-technologies-to-watch-driver-health-monitoring/.

10. K. Fitchard, "How Gracenote Is Building a Car Stereo That Senses Your Driving Mood," GigaOm, February 19, 2013, https://gigaom.com/2013/02/19/how-gracenote-is-building-a-car-stereo-that-senses-your-driving-mood/.

11. G. Topham, "The End of Road Rage? A Car Which Detects Emotions," Guardian, January 23, 2018, https://www.theguardian.com/business/2018/jan/23/a-car-which-detects-emotions-how-driving-one-made-us-feel.

12. W. Oremus, "Google's Big Break," Slate.com, October 13, 2013, https://slate.com/business/2013/10/googles-big-break-how-bill-gross-goto-com-inspired-the-adwords-business-model.html.

13. L. Flynn, "With Goto .com's Search Engine, the Highest Bidder Shall Be Ranked First," New York Times, March 16, 1998, https://www.nytimes.com/1998/03/16/business/with-gotocom-s-search-engine-the-highest-bidder-shall-be-ranked-first.html.

14. Oremus, "Google's Big Break."

15. Google Ads, https://ads.google.com/home/, accessed April 13, 2020.

16. Alphabet Inc., Form 10-K, Annual Report 2018, United

States Security and Exchange Commission, https://www.sec.gov/Archives/edgar/data/1652044/000165204419000004/goog10-kq42018.htm.

17. Alphabet Inc., Form 10-K, Annual Report 2018.

18. J. Greenwood, "The Future of Drug Pricing: Value over Volume," The Hill, October 11, 2017, https://thehill-com.cdn.ampproject.org/c/s/thehill.com/opinion/healthcare/354913-the-future-of-drug-pricing-value-over-volume?amp.

19. National Institute for Health and Care Excellence glossary, https://www.nice.org.uk/glossary?letter=q, accessed April 13, 2020.

20. D. Roland, "Obscure Model Puts a Price on Good Health—and Drives Down Drug Costs," Wall Street Journal, November 4, 2019, https://www.wsj.com/articles/obscure-model-puts-a-price-on-good-healthand-drives-down-drug-costs-11572885123.

21. J. Whalen, "What Is a QALY?," Wall Street Journal, December 1, 2015, https://www.wsj.com/articles/what-is-a-qaly-1449007700.

22. Roland, "Obscure Model Puts a Price on Good Health—and Drives Down Drug Costs."

23. A. Frappé, "The Call for Further Advancement of

Indication-based Pricing," PharmExec.com, February 1, 2018, http://www.pharmexec.com/call-further-advancement-indication-based-pricing.

24. Roche, "Innovative Pricing Solutions," https://www.roche.com/sustainability/access-to-healthcare/innovative-pricing-solutions.htm, accessed April 13, 2020.

25. A. Pollack, "Pricing Pills by the Results," New York Times, July 14, 2007, https://www.nytimes.com/2007/07/14/business/14drugprice.html.

26. Amgen Corporation, "Amgen and Harvard Pilgrim Agree to First Cardiovascular Outcomes-Based Refund Contract for Repatha® (Evolocumab)," news release, May 2, 2017, https://www.amgen.com/media/news-releases/2017/05/amgen-and-harvard-pilgrim-agree-to-first-cardiovascular-outcomesbased-refund-contract-for-repatha-evolocumab/; Repatha, https://www.repatha.com/.

27. Amgen Corporation, "Amgen Makes Repatha® (Evolocumab) Available in the US at a 60 Percent Reduced List Price," news release, October 24, 2018, https://www.amgen.com/media/news-releases/2018/10/amgen-makes-repatha-evolocumab-available-in-the-us-at-a-60-percent-reduced-list-price/.

28. Amgen Corporation, "Amgen Makes Repatha®

(Evolocumab) Available in the US at a 60 Percent Reduced List Price."

29. A. Gallo, "A Refresher on Marketing Myopia," Harvard Business Review, August 22, 2016, https://hbr.org/2016/08/a-refresher-on-marketing-myopia.

30. Orica Corporation, "Optimising Drill and Blast Operations with the Next Generation BlastIQ™ Digital Platform," news release, October 1, 2018, https://www.orica.com/news---media/optimising-drill-and-blast-operations-with-the-next-generation-blastiq-digital-platform.

31. Orica Corporation, "Optimising Drill and Blast Operations with the Next Generation BlastIQTM Digital Platform."

32. P. Moore, "Orica's New BlastIQ™ Features Take Blast Digitalisation to the Next Level," International Mining, April 11, 2019, https://im-mining.com/2019/04/11/oricas-new-blastiq-features-take-blast-digitalisation-next-level/.

33. Orica Corporation, "Optimising Drill and Blast Operations with the Next Generation BlastIQTM Digital Platform."

第7章

1. J. Pepitone, "America's Biggest Ripoffs," CNN Money, February 2, 2010, https://money.cnn.com/galleries/2010/

news/1001/gallery.americas_biggest_ripoffs/6.html.

2. B. Popkin, "College Textbook Prices Have Risen 1,041 Percent Since 1977," NBC News, August 6, 2015, https://www.nbcnews.com/feature/freshman-year/college-textbook-prices-have-risen-812-percent-1978-n399926.

3. Pearson Company, "Pearson Launches the Learning Curve," news release, November 27, 2012, https://www.pearson.com/corporate/news/media/news-announcements/2012/11/pearson-launches-the-learning-curve.html#.

4. M. Barber, K. Donnelly, and S. Rizvi, "An Avalanche Is Coming: Higher Education and the Revolution Ahead," IPPR (March 2013): 14, 55.

5. Pearson 20-F filing with the US Securities and Exchange Commission, from the fiscal year ended Dec. 31, 2013, https://www.sec.gov/Archives/edgar/data/938323/000119312514117876/d693538d20f.htm.

6. Pearson promotional video, https://vimeo.com/138590287, accessed April 13, 2020.

7. Pearson, MyLab Math for Developmental Math: Efficacy Research Report (April 3, 2018), 13.

8. Pearson, MyLab: Math, https://www.pearsonmylabandmastering.com/northamerica/mymathlab/,

accessed April 13, 2020.

9. "Seen at 11: Fitness Tracker Users Turn to Creative Hacks to Increase Step Counts," CBSN New York, August 22, 2016, https://newyork.cbslocal.com/2016/08/22/fitness-tracker-hacks/; J. Brown, "Fitness Fraud? How to Fool Your Fitness Tracker," Fox19Now.com, February 25, 2017, https://www.fox19.com/story/34601621/fitness-fraud-how-to-fool-your-fitness-tracker/.

10. J. Charniga, "Debt-Saddled Buyers Lean on Mom, Dad," Automotive News, March 10, 2019, https://www.autonews.com/sales/debt-saddled-buyers-lean-mom-dad.

第8章

1. M. Mintz, "Still Hard to Swallow," Washington Post, February 11, 2001, https://www.washingtonpost.com/archive/opinions/2001/02/11/still-hard-to-swallow/013c5cb9-220e-451a-a327-852648342524/?utm_term=.d8b9e8dc0a30.

2. J. Hancock, "Senate Inquiry on Drug Prices Echoes Landmark Hearings Held 60 Years Ago," Shots: Health News from NPR, February 22, 2019, https://www.npr.org/sections/health-shots/2019/02/22/696967037/senate-inquiry-on-drug-prices-echoes-landmark-hearings-held-60-years-ago.

3. L. A. Caldwell, "In Senate Testimony, Pharma Executive

Admits Drug Prices Hit Poor the Hardest," NBC News, February 26, 2019, https://www.nbcnews.com/politics/congress/senate-testimony-pharma-executive-admits-drug-prices-hit-poor-hardest-n976346.

4. A. Pollack, "Mylan Raised Epipen's Price before the Expected Arrival of a Generic," New York Times, August 25, 2016, https://www.nytimes.com/2016/08/25/business/mylan-raised-epipens-price-before-the-expected-arrival-of-a-generic.html.

5. J. Rockoff, "Mylan Reacts to Epipen Backlash," Wall Street Journal, August 26, 2016, https://www.wsj.com/articles/mylans-epipen-price-increases-highlight-its-grip-on-the-market-1472154769?mod=article_inline.

6. Rockoff, "Mylan Reacts to Epipen Backlash."

7. D. O'Neill and D. Scheinker, "Wasted Health Spending: Who's Picking Up the Tab?," Health Affairs (blog), May 31, 2018, https://www.healthaffairs.org/do/10.1377/hblog20180530.245587/full/.

8. O'Neill and Scheinker, "Wasted Health Spending."; National Academies of Sciences, Engineering and Medicine, "Transformation of Health System Needed to Improve Care and Reduce Costs," news release, September 6, 2012,

http://www8.nationalacademies.org/onpinews/newsitem.aspx?RecordID=13444.

9. D. Roland, "At $2 Million, New Novartis Drug Is Priciest Ever," Wall Street Journal, May 24, 2019, https://www.wsj.com/articles/at-2-million-new-novartis-drug-is-priciest-ever-11558731506?mod=article_inline.

10. B. George, "Mylan CEO's Testimony Was a Huge Blow to the Entire Pharma Industry," Biotech and Pharmaceuticals, CNBC, September 27, 2016, https://www.cnbc.com/2016/09/27/mylan-ceos-testimony-was-a-huge-blow-to-the-entire-pharma-industry-commentary.html.

11. J. Walker, "Biotech Proposes Paying for Pricey Drugs by Installment," Wall Street Journal, January 8, 2019, https://www.wsj.com/articles/biotech-proposes-paying-for-pricey-drugs-by-installment-11546952520?mod=article_inline.

12. Walker, "Biotech Proposes Paying for Pricey Drugs by Installment."

13. J. Choi, G. W. Hecht, and W. B. Tayler, "Lost in Translation: The Effects of Incentive Compensation on Strategy Surrogation," Accounting Review 87, no. 4 (July 2012): 1135–1163.

14. M. Levine, "Fake Accounts Still Haunt Wells Fargo,"

Bloomberg Opinion, October 23, 2018, https://www.bloomberg.com/opinion/articles/2018-10-23/fake-accounts-still-haunt-wells-fargo.

15. M. Harris and B. Tayler, "Don't Let Metrics Undermine Your Business," Harvard Business Review, September–October 2019, https://hbr.org/2019/09/dont-let-metrics-undermine-your-business; emphasis in original.

16. J. M. Izaret, D. Matthews, and M. Lubkeman, "Aligning Economic Incentives to Eradicate Diseases," BCG, January 7, 2019, https://www.bcg.com/publications/2019/aligning-economic-incentives-to-eradicate-diseases.aspx.

17. Izaret, Matthews, and Lubkeman, "Aligning Economic Incentives to Eradicate Diseases."

18. BCG, "An Innovative Approach to Pricing Drugs Can Accelerate the Eradication of Diseases," news release, January 14, 2019, https://www.bcg.com/d/press/14january2019-an-innovative-approach-to-pricing-drugs-accelerate-eradication-disease-211735.

19. Izaret, Matthews, and Lubkeman, "Aligning Economic Incentives to Eradicate Diseases."

20. S. Kurczy, "Calculating the Benefits of Drugs," Ideas and Insights, Columbia Business School, February 12, 2019, https://www8.gsb.columbia.edu/articles/ideas-work/calculating-benefits-

drugs.

21. M. Nisen, “Why Big Pharma’s Case to Congress Comes Up Short,” Bloomberg, February 26, 2019, https://www.bloomberg.com/opinion/articles/2019-02-26/drug-ceo-senate-testimony--why-big-pharma-s-case-comes-up-short-.

22. E. Barrette and K. Kennedy, “The Price-Quality Paradox in Healthcare,” data brief, IssueLab, March 31, 2016, https://www.issuelab.org/resource/the-price-quality-paradox-in-healthcare.html.

第9章

1. “DNA Discount Advertisement for ‘AeroMexico Airlines,’” YouTube, May 25, 2018, https://www.youtube.com/watch?v=2sCeMTB5P6U&feature=youtube, accessed April 13, 2020.

2. L. Marcus, “AeroMexico’s New ‘DNA Discount’ Ad Goes Viral,” CNN, January 18, 2019, https://www.cnn.com/travel/article/aeromexico-dna-discount-travel-ad-video/index.html.

3. B. Keveney, “Aeromexico Ad Campaign Trolls Anti-Mexican Sentiment in US with DNA Discounts,” USA Today, January 19, 2019, https://www.usatoday.com/story/travel/2019/01/17/aeromexico-tweaks-u-s-dna-discount-campaign/2609363002/; S. Van Sant, “How the Partial

Government Shutdown Could Affect You," NPR Morning Edition, December 23, 2018, https://www.npr.org/2018/12/23/679652640/how-the-partial-government-shutdown-could-impact-you.

4. D. Griner, "A Viral Hit, 7 Months Delayed: Aeroméxico's DNA Ad Shows the Unpredictability of Organic Video," AdWeek, January 22, 2019, https://www.adweek.com/creativity/a-viral-hit-7-months-delayed-aeromexicos-dna-ad-shows-the-unpredictability-of-organic-video/.

5. The quote makes a valid point, even though Sutton denies he ever said it: https://www.snopes.com/fact-check/willie-sutton/, accessed April 13, 2020.

6. P. Ausick, "Billions of Records Exposed: 2019 On Track to Be Worst Year Ever for Data Breaches," USA Today, August 19, 2019, https://www.usatoday.com/story/money/2019/08/18/2019-on-track-to-become-worst-year-ever-for-data-breaches/39963021/.

7. J. Davis, "The 10 Biggest Healthcare Data Breaches of 2019, So Far," Health IT Security, July 23, 2019, https://healthitsecurity.com/news/the-10-biggest-healthcare-data-breaches-of-2019-so-far.

8. FBI, "Bank Crime Statistics 2018," Documents, https://www.fbi.gov/file-repository/bank-crime-statistics-2018.pdf/view, accessed April 13, 2020.

9. Accenture, "U.S. Consumers Turn Off Personal Data Tap as Companies Struggle to Deliver the Experiences They Crave," news release, December 5, 2017, https://newsroom.accenture.com/news/us-consumers-turn-off-personal-data-tap-as-companies-struggle-to-deliver-the-experiences-they-crave-accenture-study-finds.htm.

10. S. Maheshwari, "How Smart TVs in Millions of U.S. Homes Track More Than What's on Tonight," New York Times, July 5, 2018, https://www.nytimes.com/2018/07/05/business/media/tv-viewer-tracking.html.

11. Salesforce, "The State of the Connected Consumer 2nd Edition," 2018, 5, https://www.salesforce.com/ap/form/conf/state-of-the-connected-customer-2nd-edition/, accessed July 6, 2016.

12. A. Ghose, TAP: Unlocking the Mobile Economy (Cambridge, MA: MIT Press, 2016).

13. Syncron, https://www.syncron.com/company/, accessed April 13, 2020.

14. L. Bell, "Uptime: The Most Disruptive Change in Pricing History," Syncron, May 4, 2018, https://www.syncron.com/uptime-the-most-disruptive-change-in-pricing-history/.

15. C. Weiss, S. Gaenzle, and M. Römer, "How Automakers Can Survive the Self-Driving Era," A. T. Kearney, 2015,

4, https://www.kearney.com/documents/20152434078/How%2BAutomakers%2BCan%2BSurvive%2Bthe%2BSelf-Driving%2BEra%2B%25282%2529.pdf/3025b1a0-4d71-e24d-51e0-2cc1f290447c?t=1493941955625.

16. S. Corwin, N. Jameson, D. Pankratz, and P. Willigmann, “The Future of Mobility: What’s Next?,” Insights, Deloitte, September 14, 2016, https://www2.deloitte.com/us/en/insights/focus/future-of-mobility/roadmap-for-future-of-urban-mobility.html?icid=dcom_promo_standard|us;en.

17. Weiss, Gaenzle, and Römer, “How Automakers Can Survive the Self-Driving Era,” 19.

18. D. Langkamp, J. Schürmann, T. Schollmeyer, R. Kilian, A. Petzke, J. Pineda, and Jean-Manuel Izaret, “How the Internet of Things Will Change the Pricing of Things,” BCG, December 7, 2017, https://www.bcg.com/publications/2017/how-internet-of-things-change-pricing-of-things.aspx.

19. Philips, “Circular Lighting at Schiphol Airport,” global professional lighting website, https://www.lighting.philips.com/main/cases/cases/airports/schiphol-airport, accessed April 13, 2020.

第10章

1. M. Roy and M. Liersch, “I Am a Better Driver Than You Think: Examining Self-Enhancement for Driving Ability,” Journal of Applied Social Psychology 43 (2013), https://www.ncbi.nlm.nih.gov/pmc/articles/PMC3835346/-R46; J. Kruger and D. Dunning, “Unskilled and Unaware of It: How Difficulties in Recognizing One’s Own Incompetence Lead to Inflated Self-Assessments,”Journal of Personality and Social Psychology 77 (1999): 1121–1134, https://www.ncbi.nlm.nih.gov/pubmed/10626367.

2. A. F. Williams, “Views of U.S. Drivers about Driving Safety,” Journal of Safety Research 34 (2003): 491–494, https://www.sciencedirect.com/science/article/pii/S0022437503000690.

3. “When It Comes to Driving, Most People Think Their Skills Are above Average,” Association for Psychological Science, August 28, 2014, https://www.psychologicalscience.org/news/motr/when-it-comes-to-driving-most-people-think-their-skills-are-above-average.html.

4. Progressive, “Snapshot FAQ,” https://www.progressive.com/auto/discounts/snapshot/snapshot-common-questions/, accessed June 6, 2019.

5. Progressive, “Snapshot FAQ.”

6. Progressive, "Snapshot FAQ."

7. Progressive, "Get Snapshot from Progressive," signup and discounts, https://www.progressive.com/auto/discounts/snapshot/, accessed June 6, 2019.

8. B. Yerak, "Progressive Using Snapshot to Add Surcharge for Aggressive Drivers," Chicago Tribune, March 27, 2015, https://www.chicagotribune.com/business/ct-progressive-aggressive-surcharge-0330-biz-20150327-story.html.

9. Progressive, "Get Snapshot from Progressive."

10. Progressive, "New Progressive Data Shows Putting the Phone Down Correlates to Lower Insurance Claims," news release, January 17, 2019, https://progressive.mediaroom.com/2019-01-17-new-progressive-data-shows-putting-the-phone-down-correlates-to-lower-insurance-claims.

11. Progressive, "Snapshot FAQ."

12. Progressive, "Check Your Latest Status," Snapshot account log-in, https://www.progressive.com/snapshot/tdx/Account/Logon, accessed June 6, 2019.

13. U.S. Food and Drug Administration, "Best Practices for Tablet Splitting," August 23, 2013, https://www.fda.gov/Drugs/ResourcesForYou/Consumers/BuyingUsingMedicineSafely/EnsuringSafeUseofMedicine/ucm184666.htm.

14. K. Arrow, "Uncertainty and the Welfare Economics of Medical Care," American Economic Review 53 (December 1963), https://www.who.int/bulletin/volumes/82/2/PHCBP.pdf.

15. A. Schechter, "There Is Regulatory Capture, but It Is by No Means Complete," ProMarket (blog), March 15, 2016, https://promarket.org/there-is-regulatory-capture-but-it-is-by-no-means-complete/.

16. D. Lancefield and C. Gagliardi, "What You Need to Know before You Sign a Payment-by-Results Contract," Harvard Business Review, September 5, 2016, https://hbr.org/2016/09/what-to-know-before-you-sign-a-payment-by-results-contract.

17. D. Frydlinger, O. Hart, and K. Vitasek, "A New Approach to Contracts," Harvard Business Review, September–October 2019, https://hbr.org/2019/09/a-new-approach-to-contracts.

18. P. Clist and S. Dercon, "12 Principles for Payment by Results (PbR) In International Development," Department for International Development, June 30, 2014, https://assets.publishing.service.gov.uk/media/57a089d2e5274a27b20002a5/clist-dercon-PbR.pdf.

19. W. Grad, J. Grudnowski, E. Spaulding, and S. D. Burton, "The Measurement Advantage," Bain & Company, March 26, 2019, https://www.bain.com/insights/the-measurement-advantage/.

20. Lenntech, "Water and Process Solutions for the Brewing Industry," data sheet, https://www.lenntech.com/Data-sheets/GE-solutions-00GEA19623-Brewery-L.pdf.

21. P. Klement, "Gamification: Mehr als Belohnungen und Badges," Techtag, September 10, 2018, https://www.techtag.de/unkategorisiert/gamification-mehr-als-belohnungen-und-badges/.

22. R. M. Thaler and C. Sunstein, Nudge: Improving Decisions about Health, Wealth, and Happiness (New York: Penguin Group, 2008), 6.

23. Mitsubishi Motors, "Mitsubishi Motors and LexisNexis Risk Solutions Provide Driver Feedback Notifications and Usage-Based Insurance (UBI) Options Through Road Assist+ App," news release, June 5, 2018, https://media.mitsubishicars.com/releases/mitsubishi-motors-and-lexisnexis-risk-solutions-provide-driver-feedback-notifications-and-usage-based-insurance-ubi-options-through-road-assist-app?page=10.

24. C. Dawson, "Mitsubishi Bets People Will Reveal Their Driving Habits to Insurers—For a Freebie," Wall Street Journal, July 6, 2018, https://www.wsj.com/articles/mitsubishi-bets-people-will-reveal-their-driving-habits-to-insurersfor-a-freebie-1530853415.

25. Dawson, "Mitsubishi Bets People Will Reveal Their

Driving Habits to Insurers—For a Freebie."

26. Starbucks "Stars" reward program, https://www.starbucks.com/rewards/#starcode, accessed April 13, 2020.

27. Red Sox Rewards, http://redsox.info-mlb.com/rewards/#rewards, accessed April 13, 2020.

28. N. Meyersohn, "Who Knew, Tide Does Dry Cleaning. Now It's Expanding the Business," CNN Business, February 20, 2019, https://www.cnn.com/2019/02/20/business/tide-cleaners-laundry-service/index.html.

29. S. Terlep, "P&G Starts Online Subscription Service for Tide Pods," Wall Street Journal, July 20, 2016, https://www.wsj.com/articles/p-g-starts-online-subscription-service-for-tide-pods-1468941036.

30. Tide Cleaners, https://www.tidecleaners.com/, accessed April 13, 2020.

31. Meyersohn, "Who Knew, Tide Does Dry Cleaning."

32. S. Bhattacharyya, "P&G Is Testing a Tide-Branded Laundry Service," Digiday, February 20, 2019, https://digiday.com/retail/pg-testing-tide-branded-laundry-service/.

第11章

1. A. Diallo, "Adobe's Subscription-Only CC Release Carries

Obvious Upside But Big Risk," Forbes, June 17, 2013, https://www.forbes.com/sites/amadoudiallo/2013/06/17/adobe-cc-subscription-release-big-upside-and-risk/#122d226a19c6; Adobe 10-K report for the fiscal year ended November 30, 2012.

2. "Adobe's Shift to the Cloud: Is This the Start of a Trend?," Knowledge@Wharton, May 8, 2013, http://knowledge.wharton.upenn.edu/article/adobes-shift-to-the-cloud-is-this-the-start-of-a-trend/.

3. D. Wadhwani, as quoted in S. Shankland, "Dislike Adobe's Creative Cloud Subscriptions? Tough Beans," cnet, May 28, 2013, https://www.cnet.com/news/dislike-adobes-creative-cloud-subscriptions-tough-beans/.

4. Adobe 10-K report for the fiscal year ended November 30, 2012.

5. Some dispute whether Gillette invented the razor and blades business model or defaulted to it. For an interesting perspective, see https://hbr.org/2010/09/gillettes-strange-history-with.

6. R. Trenholm, "Your Printer Orders Ink for You with New HP Instant Ink Service," cnet, May 28, 2014, https://www.cnet.com/news/hp-instant-ink/.

7. T. Poletti, "How HP Is Trying to Resuscitate a

Declining Business," Market-Watch, July 3, 2017, https://www.marketwatch.com/story/how-hp-is-trying-to-resuscitate-a-dying-business-2017-06-30.

8. T. Hoffman, "How to Save Money with HP Instant Ink and Other Low-Cost Printer Ink Program," PCMag, December 12, 2017, https://www.pcmag.com/article/357838/how-to-save-money-with-hp-instant-ink-and-other-low-cost-pri.

9. HP Inc. (HPQ), Q1 2019 Earnings Conference Call Transcript, The Motley Fool, February 27, 2019, https://www.fool.com/earnings/call-transcripts/2019/02/27/hp-inc-hpq-q1-2019-earnings-conference-call-transc.aspx.

10. "Newton's Laws of Motion," National Aeronautics and Space Administration, https://www.grc.nasa.gov/www/k-12/airplane/newton.html, accessed April 13, 2020.

11. J. Bezos, as quoted in J. Del Rey, "This Is the Jeff Bezos Playbook for Preventing Amazon's Demise," Vox, April 12, 2017, https://www.vox.com/2017/4/12/15274220/jeff-bezos-amazon-shareholders-letter-day-2-disagree-and-commit.